ALLE SCHULFORMEN



# Unterrichtsbesuche nachbesprechen: strukturiert beraten, transparent beurteilen

Ein Leitfaden für Ausbilder_innen

Arno Brabender
Michael Wittschier

Cornelsen

## Die Autoren

**Arno Brabender** war bis 2014 Fachleiter für Deutsch und Kernseminarleiter im Zentrum für schulpraktische Lehrerausbildung in Engelskirchen (NRW) sowie Studiendirektor am Gymnasium in Gummersbach für Deutsch, Philosophie und Religion.

**Michael Wittschier** lebt und arbeitet als Gymnasiallehrer, Fachleiter und Künstler im Bergischen Land und hat in den letzten Jahrzehnten mit seinen zahlreichen Publikationen das anschauliche Lernen und Denken in den Unterrichtsfächern Philosophie und Deutsch methodisch belebt. Als Fachdidaktiker war er 10 Jahre an der Universität Köln tätig.

Projektleitung: Franziska Wittwer, Berlin
Redaktion: Marion Clausen, Berlin
Umschlagkonzept: Ungermeyer, Berlin
Umschlagfotos: Fotolia/© Xavier; luchschen@web.de/Wladimir Bulgar; © Serghei Platonov
Grafik und Fotos (S. 47, 61, 69-71, 73, 79, 94): Michael Wittschier, Wipperfürth
Illustrationen (S. 42, 44): Kristina Klotz, München
Layout/technische Umsetzung: fotosatz griesheim GmbH

**www.cornelsen.de**

3. Auflage, 2. Druck 2026



Druck: Cornelsen Verlagskontor, Bielefeld

ISBN 978-3-589-15071-7

PEFC
PEFC/04-31-3871

PEFC-zertifiziert
Dieses Produkt stammt aus nachhaltig bewirtschafteten Wäldern und kontrollierten Quellen
www.pefc.de

## Inhalt

Hinweise:
Es sind selbstverständlich stets alle Geschlechter gemeint, auch wenn aus Gründen der besseren Lesbarkeit nur eine Form verwendet wird.

Vergrößern Sie die Kopiervorlagen aus diesem Buch mit 141 %, um eine DIN-A4-Seite zu erhalten.

Folgende Abkürzungen werden im Buch verwendet:
UNB = Unterrichtsnachbesprechung
LAA = Lehramtsanwärterinnen und -anwärter
SuS = Schülerinnen und Schüler

# Vorwort

Warum ein Buch zu diesem Thema? Erfahrene Ausbilder in der Lehrerausbildung werden die Notwendigkeit zu einer eigenen systematischen Beleuchtung dieses Gesprächsformats sicher nicht ungeteilt bejahen. Allzu bekannt erscheinen die maßgeblichen Begriffe und Stellgrößen: guter Unterricht, das förderliche Beratungsgespräch, die Ausbildungsordnung. Wer sich da auskennt, wird auch zu einer guten Unterrichtsnachbesprechung beitragen können, so scheint es jedenfalls.
Ein Blick in die Praxis zeigt jedoch erheblichen Handlungs-, Regelungs- und Orientierungsbedarf auf: Da werden Unterrichtsnachbesprechungen in Form von Tür- und Angelgesprächen, quasi auf dem Gang, abgehalten, da nötigen Zeitprobleme zu einem Aufsplitten der Beratung auf mehrere Tage; vor allem aber werden von verschiedenen Seiten (Lehramtsanwärter, schulische Ausbilder, Seminarausbilder) Klagen laut über nur schwer überbrückbare inhaltliche Diskrepanzen bei der Besprechung des gesehenen Unterrichts und dies überraschenderweise selbst bei der Bezugnahme auf die Varianten von Unterrichtsidealen, die gerade „en vogue“ sind.

**Unsere Leitidee**

Dieses Buch folgt der Leitidee, dass durch eine Klärung möglichst vieler beteiligter Faktoren (alle wird man wohl nie erfassen können) die Unterrichtsnachbesprechung in ihrem Charakter als Handlungssituation und Interaktion in derselben so transparent gemacht wird, dass eine konstruktive Einflussnahme gerade an neuralgischen Punkten möglich wird und sich dadurch letztlich die mit Recht erwartete Lernprogression bei den Lehramtsanwärtern einstellt. Es gibt dabei neben der rein sachlichen Orientierung an Strukturen des Lehr-Lern-Geschäfts in der Lehrerausbildung auch eine stark erfahrungsbasierte Orientierung an dem, was in der Praxis der Unterrichtsnachbesprechung alles schiefgehen kann. Auch diese Aspekte werden den o. g. Faktoren zugerechnet und lösungsorientiert mitbedacht. Dieser Hinblick auf Gefahren unterläuft aber nicht unsere grundsätzliche Positiv-Orientierung an Ressourcen und Chancen durch eine personen- und entwicklungsbezogene Ausbildung.
Hierbei haben wir nicht den Eindruck, eine Unterrichtsnachbesprechung künstlich ‚kompliziertreden' zu müssen, um dadurch den Aufwand eines Buches rechtfertigen zu können: Wir betrachten dieses Ausbildungsinstrument als

Kristallisationspunkt für diverse Bestrebungen auf der Suche nach einem konkurrenzfähigen Bildungsniveau, d. h.: nach der guten Schule, dem guten Lehrer, dem modernen Unterricht, nach den modernen Erziehungskonzepten etc. All diese Größen fließen mehr oder weniger bewusst in eine Unterrichtsnachbesprechung ein und erzeugen dort einen hohen Grad an Komplexität (vergleichbar z. B. mit der Medizin), der einerseits nach hermeneutischer Sensibilität (vgl. Kap. 4), andererseits nach pragmatischer Reduktion und einer gewissen „Rezeptologie“ (vgl. Kap. 7 und 8) verlangt.

**Was leisten die beteiligten Faktoren für das Gelingen der Nachbesprechung?**
Am besten wird man dieser Herausforderung gerecht, wenn man sich die Mühe macht nachzuvollziehen, welchen Beitrag die beteiligten Faktoren jeweils zum Gelingen der Nachbesprechung leisten können. Damit sei sogleich begonnen. Folgende Gedankenmodelle haben sich bei der Veranschaulichung der Lernprozesse in der Lehrerausbildung als wertvolle Stützen erwiesen:

- Das Modell der Selbstähnlichkeit von Systemen (z. B. zeigen sich beim Phänomen „Lernen“ Analogien auf allen Etagen des Schulsystems: auch Lehrer bedürfen, weil sie auch Lernende sind, der Didaktisierung),
- das Modell der kognitiven Landkarten (in die alles Erlernte und zu Lernende eingetragen wird),
- das Modell des Fließgleichgewichts (das es bei allen Bewegungen des Neu-Lernens zu erhalten gilt) und schließlich
- das hermeneutische Modell der Subjektiven Theorien (nach Groeben, N. et al. 1988), die in der ambivalenten Rolle der initiierenden und doch zu überwindenden Vorstellungen auftreten (Lehrhaltungen, ohne die wir nicht beginnen können zu unterrichten und die doch mit Blick auf Ideen von gutem Unterricht zu modifizieren sind).

Gespräche über Unterricht sind wie das täglich Brot derer, die ihn machen. Kollegiale Gespräche begleiten nicht selten den Prozess der Unterrichtsentstehung. Insbesondere unter Lehramtsanwärtern scheint es unverzichtbar, dass man jede sich bietende Gelegenheit zum Austausch über das Kerngeschäft von Schule nutzt.
Unterricht ist so reich an Aspekten, dass ihn stets eine Wolke von vor- und nachbereitenden Ideen, Kommentaren und Bewertungen umgibt. Offenbar gedeiht er in diesem Reflexionsmedium, an welchem weitere Personenkreise beteiligt sein können, am besten:

- „Die Deutschstunde wollte wieder mal kein Ende nehmen." – „Aber die Sache mit den vier Mündern und den vier Ohren fand ich interessant." (Alltagsunterricht)
- „Die 9c war heute nervig und mit den Gedanken wohl schon im Wochenende." (Lehrergespräch)
- „Guter Unterricht besticht vor allem durch Strukturiertheit und Klarheit auf den Ebenen der Ziele, Inhalte, Methoden und Prozesse." (didaktische Position)
- „Der Kandidat hat seine Stunde umsichtig und stimmig geplant, ließ jedoch in der praktischen Umsetzung die nötige Konsequenz vermissen, mit der die konträren Positionen des Textes hätten herausgestellt und gesichert werden müssen." (Examen)
- „Wie hast du neulich die Lerntheke arrangiert und wie sind die Schüler darauf angesprungen?" (kollegiales Beratungsgespräch unter Lehramtsanwärtern)
- „Sie haben den Einstieg in die Stunde zu wenig als Hinführung zu einer klaren Problemstellung genutzt." (Fachleiter in einer Nachbesprechung)

Im weitesten Sinne sind alle diese Äußerungen als Teile einer Unterrichtsnachbesprechung anzusehen. Im engeren Sinne hingegen könnte am ehesten die letzte Äußerung in einer offiziellen Unterrichtsnachbesprechung vorgekommen sein. Dieses Ausbildungsformat stellt ein Gesprächs- und Reflexionsforum der ganz besonderen Art dar. Die Gesprächsbeispiele sind in Schule, Lehrerausbildung und Bildungswissenschaft unterschiedlich verankert, je nachdem welche Rollen, Interessen und Aufgaben die daran Mitwirkenden in der jeweiligen Situation (inne)haben. Die ersten fünf Zitat-Beispiele entstammen zwar anderen Handlungssituationen, die in ihnen zum Ausdruck kommenden Einstellungen wirken aber auch in der Unterrichtsnachbesprechung mit – und in sie hinein.

Neben den Interessen und Rollen der Gesprächsteilnehmer sind aber noch weitere Gegebenheiten und Strukturmomente zu berücksichtigen: Soll die Unterrichtsnachbesprechung als Ausbildungselement und -instrument ihren Zweck optimal erfüllen, muss sie systematisch betrachtet werden, und das heißt: unter genau so vielen Aspekten, wie sie als komplexe Handlungssituation an Wirkungsfaktoren aufweist.
Im Zentrum steht der Unterricht mit unzähligen Kategorien; die Vorgaben der Ausbildungsordnungen sowie die Belange der individuellen Entwicklungen der Lehramtsanwärter sind darüber hinaus zu integrieren. Hinzu kommen die Sicht-

weisen und Wertvorstellungen der Beteiligten (über Unterricht, Bildung und über die Leistungsfähigkeit des Anwärters) sowie ihre jeweiligen strategischen Ziele (Interessen der Schule/des Seminars wahren, Eigeninteressen, z. B. der Profilierung wahren etc.).
Aus alledem ergibt sich eine extrem hohe Komplexität mit einer entsprechenden Störanfälligkeit für die Besprechung, die leider nicht allein damit behoben werden kann, dass alle Teilnehmer über ein Basiswissen der Kommunikation verfügen. Förderliche Haltungen, ein sicheres klimatisches Umfeld sowie konstruktive Ergebnisse von Beratung können unserer Überzeugung nach nur aus einer systematischen Reflexion und Diskussion der beteiligten Wirkungsfaktoren erwartet werden.
Bevor die Vielfalt der zu berücksichtigenden Faktoren schließlich zu einer Art „Rezeptologie" für die Praxis (Leitfäden, Ablaufschemata, Modellvarianten) reduziert werden kann, muss sie zunächst konkret entfaltet werden, um den Details konstruktive Hinweise für das Management der erfolgreichen Unterrichtsnachbesprechung abgewinnen zu können. Hierbei gründen sich unsere Vorschläge einerseits auf Theorien der Kommunikation und Beratung, andererseits auf Erfahrungen der Praxis.

**Unser Ziel**

Aus dem Blick auf die angesprochene Vielfalt kann vorweg eine Zielbestimmung vorgenommen werden: Wir möchten uns in diesem Buch dem Gelingen einer Unterrichtsnachbesprechung vor dem Hintergrund dieser Komplexität widmen, also einer Art **Management der divergenten Sichtweisen auf Unterricht und Lehrerhandeln**; unser Beitrag versteht sich nicht als ein Kompendium der Methoden und Rituale; wichtiger sind für uns die bewusst eingenommenen Haltungen der Beobachter und Berater sowie auch des Lehramtsanwärters, um dessen Lehrerhandeln es geht. Diesem Aspekt widmet sich vor allem das Kapitel 5.
Bewährte etablierte Formen, nach welchen Nachbesprechungen ablaufen können, gibt es in unterschiedlicher regionaler Ausprägung in reichem Maße. Wir halten es daher nicht für sinnvoll, den Pool der bestehenden Formen weiter zu vergrößern und dann ein Plädoyer zugunsten des von uns favorisierten Rituals zu halten. Vielmehr sehen wir den Handlungsbedarf darin, aufzuzeigen, unter welchen Bedingungen das Gelingen einer Nachbesprechung steht und wie ein identifizierter Störfaktor entschärft oder beseitigt werden kann.

Methodisch fundiert sind wiederum die Vorschläge zur Nacharbeit, bezogen auf die häufigsten Anregungen zur Unterrichtsverbesserung, die in einer Unterrichtsnachbesprechung nach unserer Erfahrung zur Sprache kommen (Kap. 6.2). Gängige Verfahren, unter anderem auch solche mit höherem Materialeinsatz, stellen wir in den Kapiteln 7 „Fahrpläne“ und 8 „Varianten“ dar.

An den „Gelenkstellen“ zwischen Theorie und Praxis soll jeweils ein kurzer Hinweis aus der Praxis (z. B. über ideale und reale Verläufe) die Überleitung in das jeweils benötigte Theorieelement leisten, um beide Bereiche gewinnbringend miteinander verzahnen zu können (nach den Kapiteln 1 bis 4).

# 1. Die Akteure und die zu erwartenden Aktionen

Unterrichten ist theoriegeleitetes Handeln, das sich in vielen Handlungssituationen abspielt und darstellen lässt. Es empfiehlt sich von Beginn an, auch die Unterrichtsnachbesprechung (UNB) als eine solche Handlungssituation zu betrachten, denn die Äußerungen, die in einer UNB fallen, sind immer zugleich (Sprech-)handlungen, hinter denen Personen mit Handlungskonzepten stehen. Andererseits sind die Realsituationen, in denen UNB stattfinden, immer zugleich mit situativen Faktoren versehen, die ebenfalls mit Bedeutung beladen sein können und daher auf keinen Fall vernachlässigt werden dürfen. Beide, Handlungen und situative Rahmenbedingungen, gilt es nach Möglichkeit bewusst zu machen, um die Potenziale der UNB zu ihrem bestmöglichen Zweck zu nutzen.

Handlungssituationen sind gegenüber der Theorie von Unterricht, Schule und Bildung immer zugleich mehr und auch weniger: Mehr, weil in ihnen die lebendige Dynamik von Handelnden vertreten ist, weniger, weil sie bei allem Theorie-geleitet-sein niemals alle zu bedenkenden Theorieaspekte berücksichtigen, geschweige denn verwirklichen können.

## 1.1 Lehramtsanwärter als primäre Akteure der Unterrichtsnachbesprechung

Lehramtsanwärter stehen in der Ausbildung zur Lehrkraft und zeigen etwa zehnmal (und mehr) während dieser Zeit Unterrichtsstunden, die über ihre Planungs-, Durchführungs- und Reflexionskompetenz Aufschluss geben. Die zum jeweiligen Unterrichtsbesuch gehörende Nachbesprechung bildet stets für den aktuellen Ausbildungsabschnitt mit Blick auf den aufgewendeten Fleiß und das gestaltete Können einen gewissen Schlussakt, stellt im Blick auf die weitere Ausbildung jedoch nur ein Zwischenfazit dar.

Jedes Mal geben die Lehramtsanwärter (LAA) also eine Kostprobe ihres Könnens, was je nach Ausbildungssituation mit den unterschiedlichsten Gedanken, Strategien, Emotionen und Befindlichkeiten verbunden sein wird: Der Unterrichtsbesuch bietet vielleicht die willkommene Chance, ein „tolles" Konzept vorzuführen, vielleicht hat er aber auch die Funktion des Züngleins an der Waage und entscheidet über die Abschlussnote. Vielleicht müssen diesmal um jeden Preis Zweifel an der Eignung des Kandidaten beseitigt werden, womit sich eine positive Perspektive für die weitere Ausbildung ergeben könnte. Nimmt

man die hier üblicherweise vorkommenden Emotionen (Lampenfieber, Minderwertigkeitsgefühl, Prüfungsangst etc.) mit hinzu, wird klar, wie viel existenzielles Gewicht dem Unterrichtsbesuch sowie der Nachbesprechung zukommt.
Die offiziellen Maßstäbe der ausbildenden Teilnehmer sind weithin bekannt (Prüfungsordnungen, Fachstandards etc.). Diesen Maßstäben werden sich die LAA im Laufe der Ausbildung annähern. Überaus wissenswert ist aber auch, welche Maßstäbe sie als Betroffene zusätzlich anlegen, wenn sie mit einer existenziell bedeutsamen Situation konfrontiert werden.
Wir haben uns in kleinem Rahmen ein Bild gemacht, das zwar nicht repräsentativ im fachlichen Sinne ist, da es nur von *einer* Ausbildungsgruppe stammt, das aber doch nach unserer Erfahrung sehr viel Verallgemeinerbares enthält. Wir fragten konkret nach den wichtigsten Erwartungen und Befürchtungen der LAA in Bezug auf einen Unterrichtsbesuch und bekamen folgende Antworten:

**Erwartungen:**
- Atmosphäre: (fehler)freundlich, angstfrei, offen und transparent
- Professionelle Beratung
- Klarheit der Struktur, inkl. Zeitrahmen
- Fairness: behutsamer Umgang mit Fehlern (nicht: „Finger in die Wunden"); Vermeidung von Gesichtsverlust und Schamgefühlen
- Würdigung der Persönlichkeit und des schon Erreichten
- Lösungsorientierung: Übergang der Kritik in das Aufzeigen konstruktiver Alternativen
- Verständnis für die Stresssituation

**Befürchtungen:**
- Von Kritik dominierte Atmosphäre
- Von Hierarchiedenken geprägte Atmosphäre
- Lückenlose Fehleranalyse („Sezieren")
- Intransparenz von Strukturen (inkl. Zeitrahmen, Redeanteile, Ablauf)
- Belehrung
- Fokussierung von persönlichen Eigenarten
- Überforderung und Entmutigung

Da auch uns diese Aspekte – in gleicher Wertung – wichtig sind, haben wir sie ausnahmslos (einige davon auch extensiv) in die Struktur dieses Ratgebers eingearbeitet.

Von den LAA selbst ist also vornehmlich zu erwarten, dass sie ihre erbrachte Leistung gesehen und geschätzt wissen wollen, dass sie – vielleicht sogar zu allererst – sondieren möchten, wie die Stimmung und Einschätzung bezüglich ihrer Person im Ganzen ausfällt.

Ebenfalls ist vor allem aus Ausbildersicht zu erwarten, dass die Anwärter ein gutes Maß an Selbst- und Unterrichtsbeobachtung bekunden und dass sie sich offen und konstruktiv an der detaillierten Betrachtung ihrer Stunde beteiligen, um für das künftig zu erweiternde Handlungsrepertoire als Lehrkraft entsprechende Maßnahmen zu ergreifen. Die Chance, dass dies auch in Bezug auf weniger gelungene Aspekte ihrer Stunde gelingt, wird in dem Maße steigen, in dem Signale der Wertschätzung und Ermutigung seitens der Teilnehmer gesendet wurden und werden. Mit der grundsätzlichen Wertschätzung im Rücken wird auch das Zutrauen wachsen, den eigenen Lernbedarf auszusprechen und gemeinschaftlich über die nächsten anzugehenden Schritte zu sprechen. Bleiben solche positiven Signale weitgehend aus, kann sich das Verhalten der LAA eventuell auf Verteidigungs- und Rechtfertigungsstrategien reduzieren, auch wenn Einsicht und Änderungsbereitschaft vorhanden wären. Damit kann niemandem gedient sein.

## 1.2 Lehramtsanwärter als Hospitanten der Unterrichtsnachbesprechung

Die Möglichkeit der Teilnahme am Unterrichtsbesuch und der Nachbesprechung von Anwärter-Kolleginnen und -Kollegen stellt in den meisten Fällen eine willkommene Gelegenheit dar, wertvolle Erfahrungen zu sammeln (über Schüler- und Lehrerverhalten, Unterrichtsmethoden, das Auftreten von Ausbildern und nicht zuletzt über den Umgang mit den Anstrengungen eines Unterrichtsbesuchs). Möglicherweise wurde man als LAA-Kollege gebeten, gezielte Beobachtungen zu machen und in der Nachbesprechung besondere Parts zu übernehmen (von der Rolle des Caterers bis hin zur fachlichen, pädagogischen und/oder moralischen Unterstützung).

Insgesamt ergibt sich eine Fülle von aufschlussreichen Äußerungen und Verhaltensweisen, die sich mehr oder weniger abgewandelt auf bevorstehende eigene UNB-Situationen übertragen lassen. Hierbei sind die Ziele des Erfahrungszuwachses und der Solidaritätsbekundung mit einem Kollegen durchaus miteinander kompatibel: Man muss wohl kaum befürchten, dass die Kollegialität den Blick für das Fachlich-Pädagogische trübt; schließlich birgt jedes Beschönigen, Verdecken oder Verschweigen objektiver Tatbestände das Risiko, dass eine Lernchance vertan wird, z. B. durch mangelnde Offenheit gegenüber konstruktiver Kritik. Dies dürfte den meisten Anwärtern bewusst sein. Gelegenheit, Solidarität zu zeigen, gibt es gerade in den Bereichen, die Analyse zu reflektieren und zu bearbeiten.

Viele LAA sind denn auch hervorragende Beobachter und Berater ihrer Kollegen. Oft helfen sie zudem bei der Suche nach Lösungen und Verbesserungen.

## 1.3 Schülerinnen und Schüler als Teilnehmer

Die Vorstellung, dass auch Schüler zu einer Nachbesprechung eingeladen werden, mag den einen oder anderen befremden. Hier haben zahlreiche Schulen bzw. Zentren für Lehrerausbildung bereits Pionierarbeit geleistet und können eine positive Bilanz vorweisen, die zu denken gibt und den Verdacht nährt, dass das kategorische Ausklammern von Schülern eine vertane Chance sein kann. Die Organisation solcher Schülerbeteiligung ist gut zu leisten, wie bekannt gewordene Beispiele zeigen (vgl. hierzu Kap. 8.1).

Es besteht die berechtigte Erwartung, dass Schüler wichtige Beiträge zu Fragen des Lernklimas, der erlebten Kommunikation, der Methodenpassung und schließlich auch des Lerngewinns leisten können. Sie können vor allem für die Balance der Perspektiven sorgen, wenn einseitige Verfestigungen des Gesprächs in Sach- oder Didaktikfragen drohen.

## 1.4 Mentoren des Lehramtsanwärters als schulische Ausbilder

Mentoren nehmen dann an UNB teil, wenn LAA ihren Unterrichtsbesuch in Lerngruppen durchführen, in denen sie unter Anleitung unterrichten, d. h. von Fach- und/oder Klassenlehrern dieser Gruppen begleitet, betreut und beraten werden. Glücklicherweise entwickelt sich zwischen vielen LAA und solchen schulischen Ausbildern ein engeres, konstruktives Verhältnis, das die Bezeichnung „Mentorenschaft“ verdient. Der Mentor kennt zunächst einmal seine Lerngruppe, er ist vertraut mit den Lernständen der einzelnen Schüler sowie auch mit dem allgemeinen Lernstand bezogen auf das curriculare Jahrespensum; schließlich hat er zumeist auch mehr oder weniger tiefe Einblicke in das Lehrerhandeln des LAA genommen und wird von daher wertvolle Informationen und Reflexionen in die Nachbesprechung einbringen können.

Seine Kenntnisse und Erfahrungen bergen für ihn selbst jedoch möglicherweise auch Komplikationen für sein Auftreten: Als Mentor wird er verantwortungsvoll mit seinem Vorwissen umgehen müssen; nicht alles, was er über den LAA weiß, wird er kundtun wollen. Auch für ihn kann sich die Situation als zwiespältig darstellen, dann nämlich, wenn eine offene Aussprache, z. B. über gesehene Schwächen der Stunde, einerseits heilsam wäre, andererseits dazu führen könnte, dass dem betreuten LAA nach Lage der Dinge Nachteile in Ansehen und Endbeurteilung erwachsen könnten.

Nicht selten ist es so, dass Mentoren auch sehr intensiv mit dem Planungsprozess zur besuchten Stunde befasst waren, sich also sehr stark mit dem Produkt dieses Engagements identifizieren und nun in der UNB – punktuell, phasenweise oder generell – ihre eigenen Beiträge teilweise mit auf dem Prüfstand sehen. Hier sind also Interessen im Spiel, die zu kennen für ein zielführendes UNB-Management von Belang sind.

Nicht offen gelegte Interessen können sehr schnell zu Verwerfungen führen und Fronten entstehen lassen, bei denen eine objektive Unterrichtserkundung mit kreativer Suche nach Lösungen, d. h. Optimierungsmöglichkeiten für das künftige Lehrerhandeln, auf der Strecke bleibt und alle Beteiligten in ungutem Befinden die Stätte verlassen.

Nicht immer kann davon die Rede sein, dass zwischen LAA und schulischem Ausbilder ein für beide Seiten förderliches Arbeitsverhältnis herrscht. Oft führen Sach- und Terminzwänge (Abdecken von Ausbildungspflichten des LAA) zu Situationen, in denen kaum Freiwilligkeit und wohl auch kaum Vertrautheit vorherrschen. Im schlimmsten Fall kann sogar ein wechselseitiges Ressentiment vorliegen, aus dem heraus sich bestenfalls eine pflichtgemäße Absolvierung des Unterrichtsgeschäfts ergibt. Die Ursachen hierfür können auf beiden Seiten liegen; sie sind nicht Gegenstand der Untersuchung. Sehr wohl aber ist von Interesse,

- wie in einer offenbar belasteten Situation innerhalb der UNB zu verfahren ist,
- wie man deeskalierend wirken bzw. eingreifen kann und
- wie für den LAA und seine Ausbildung Abhilfe geschaffen wird.

Die erfolgreiche Umsetzung dieser Herausforderungen wird einerseits durch sensible Strukturen einer Nachbesprechung erreicht, andererseits durch den Erwerb von förderlichen Haltungen.

Wer die Potenziale der UNB für alle Beteiligten voll ausschöpfen möchte, wird mehr als nur den Vertreter einer Interessensgruppe repräsentieren; er wird eine umfassende Beobachtung der situativen und personalen Gegebenheiten zum Ausgangspunkt für sein beratendes Handeln machen und im Ganzen auf ein ausgewogenes Verhältnis zwischen Fördern und Fordern hinarbeiten.

## 1.5 Schulische Ausbildungskoordinatoren

Das Ausbildungssystem sieht in den meisten Bundesländern schulische Koordinatoren für die LAA vor. Als Ansprechpartner in allen Ausbildungsfragen haben sie vielfältige Funktionen. Unter anderem nehmen sie an manchen Unterrichtsbesuchen und den Nachbesprechungen teil, um über die Ausbildung informiert zu sein und die Grundlage für ihre beratende Rolle insgesamt zu vergrößern. Sie können ihr Überblickswissen (über individuelle und allgemeine Belange der LAA) vor allem dann gewinnbringend in die Beratungen einbringen, wenn sich Störungen in der Ausbildung eingestellt haben.

Komplikationen ergeben sich für die Ausbildungskoordinatoren dann, wenn sie von schulischer Seite Aufgaben übernehmen sollen, die durch die jeweils geltende Ausbildungsordnung nicht abgedeckt sind, z. B. Gutachtertätigkeiten für das schulische Endgutachten (des Schulleiters). In diesen Fällen treten auch im Beratungsgespräch innerhalb der UNB entsprechend veränderte Interessen auf, die in einem Gesamtkonzept für dieses Ausbildungsinstrument Berücksichtigung finden müssen.

## 1.6 Schulleiter und ihre Vertreter

In vielen Fällen halten Schulleiter aus organisatorischen Gründen separate UNB mit den Lehramtsanwärtern ab, auch dann, wenn sie die Unterrichtsstunde mit weiteren Teilnehmern der Schule oder des Seminars besucht haben. In solchen Fällen ist es Sache der Vereinbarung zwischen LAA und Schulleiter, welchem Prozedere die Besprechung folgt.

In vielen anderen Fällen nehmen Schulleiter an den Gesprächsrunden zusammen mit den übrigen Besuchern teil. Sie stehen in der Beratung zumeist auch für die Berücksichtigung der allgemein-pädagogischen und schulorganisatorischen Fragen bzw. der hierzu erforderlichen Handlungskompetenzen der LAA ein. Aufgrund der zumeist eingeschränkten Anzahl von Schulleiterbesuchen ergibt sich für den LAA ein entsprechend höheres Gewicht der einzelnen Hospitation. Schließlich obliegt dem Schulleiter die Erstellung eines Endgutachtens, das alle handlungsrelevanten Komponenten der Ausbildung erfassen muss.

Für die Gesprächsdynamik in der Nachbesprechung resultiert hieraus die Möglichkeit, dass sich bei entsprechenden Signalen der LAA in einer guten

Position sieht und sich den Möglichkeiten der Beratung öffnet oder aber, dass er sich in einer weniger guten Position sieht und für sein weiteres Verhalten im Verlauf des Gesprächs verunsichert ist und eventuell in eine ungünstige Verteidigungshaltung verfällt. Hier wäre seitens aller übrigen Teilnehmer entsprechend zu reagieren.

## 1.7 Ausbilder der Zentren für schulische Lehrerbildung bzw. der Studienseminare

Ihnen obliegt die seminarseitige Ausbildung der LAA in vorwiegend didaktisch-methodischer und pädagogischer Hinsicht. Sie bereiten die LAA durch regelmäßige Seminarveranstaltungen und eventuell zusätzliche individuelle Beratungen auf die Bewältigung des schulischen Alltags und auch speziell auf die Absolvierung von Unterrichtsbesuchen vor.

Entsprechend dem naturgemäß schrittweisen Aufbau von Lehrerhandlungskompetenz bei den LAA wird auch die Vereinbarung darüber, was der Fachleiter beim jeweiligen Unterrichtsbesuch an Planung und Durchführung erwartet, auf diese Abstufung Bezug nehmen.

**Schwerpunkte vereinbaren und einhalten**

Es ist für die UNB davon auszugehen, dass es vereinbarte Schwerpunkte, z. B. für den ersten, die mittleren oder den letzten Besuch gibt. Diese Vereinbarungen sollten präsent sein (z. B. indem der LAA oder jeder andere Teilnehmer an sie erinnern darf), wenn der jeweilige Ausbildungsstand relevant wird, aber in Vergessenheit zu geraten droht. Eine Schwerpunktsetzung bereits im Vorfeld des Besuchs hat viele Vorteile, unter anderem den, dass das Pensum und die zeitliche Ausdehnung der UNB überschaubar bleiben. Auf Seiten des LAA hat dies die vermutlich willkommene Folge, dass auch die Summe der künftig zu bearbeitenden Desiderate überschaubar bleibt, und damit auch real bearbeitbar.

Misslich und unakzeptabel wäre es, wenn Fachleiter sich nicht an derartige Vereinbarungen halten oder auf solche überhaupt verzichten und bei der Nachbesprechung einer Unterrichtsstunde jeweils auf die ganze Skala der zu erwerbenden Kompetenzen des Lehrerhandelns Bezug nehmen. Hierdurch können Situationen unnötiger Irritation und Überforderungen entstehen, zumal davon auszugehen ist, dass die UNB-Teilnehmer ihre Beiträge in der Regel auf den jeweiligen Ausbildungsstand beziehen werden. Vermeidbare hitzige Diskussionen zur Klärung sind dann die Folge.

Fachleiter haben die Elemente ihres gesamten Ausbildungsprogramms jedoch zumeist so aufeinander abgestimmt, dass den LAA z. B. ein Plan für die zu erreichenden Kompetenzstufen und die zu behandelnden didaktisch-methodischen Schwerpunkte in den jeweiligen Unterrichtsbesuchen vorgelegt wird. Dieser Sorgfalt entsprechend halten sie zumeist auch ein Rahmenkonzept bereit, das entweder der vereinbarten Praxis des Seminars entstammt oder von ihnen selbst entwickelt wurde.

In jedem Fall sollte die Teilnehmerrunde kurz darüber abstimmen, nach welchem Modus man in der jeweiligen Nachbesprechung verfahren will (vgl. Kap. 8).

**Sich der unterschiedlichen Sichtweise bewusst werden**

Fachleiter stehen an Schulen häufig in dem Ruf, dass sie Unterricht nach solchen Maßstäben beobachten und letztlich bewerten, die nicht immer deckungsgleich mit den Maßstäben der Ausbildungslehrer sind, die sich vorwiegend als Praktiker und weniger als Speerspitze des didaktischen Fortschritts verstehen. Hier wäre beiden Gruppen geholfen, wenn man sich der begründeten Haltung des jeweils anderen bewusst wäre: Ausbildungslehrer sorgen vorrangig dafür, dass der Schulbetrieb läuft, alle Klausuren ermöglicht werden können und sie den Schülern pädagogisch gerecht werden. Bei didaktisch-methodischen Neuerungen, die Fachleiter ins Spiel zu bringen versuchen, blicken sie in stärkerem Maße auf die Machbarkeit (Umsetzbarkeit, Zeitaufwand, Aussichten auf Lernertrag etc.), als dies bei den Seminarausbildern manchmal der Fall sein mag.

Fachleiter sollten all dies berücksichtigen, wenn sie Methoden und didaktische Ansätze propagieren, deren Umsetzbarkeit noch der Diskussion ist oder schlicht der Erläuterung bedarf. Über die Lernwirksamkeit einer Methode wird schließlich erst im Feldversuch (d. h. hier: nach ergiebigem Austesten und Kontrollieren der Lernleistung der Schüler) entschieden, so dass sich eine abwertende Haltung gegenüber anderen (z. B. den bewährten) Verfahren schon allein deshalb verbietet.

Eine entsprechende Haltung ist aber auch von den Ausbildungslehrern gegenüber den Innovationen des Seminars zu fordern: Schließlich gehört es zum Lehrauftrag von Fachleitern, die fachbezogenen Kompetenzen zu steigern, was unter anderem durch eine Erweiterung des Methodenrepertoires sowie durch didaktische Experimente zu erwarten ist.

Wenn sich also beide Seiten dessen bewusst sind, dass Fortschritte im Bildungsbereich, speziell hier beim Lehrerhandeln der LAA, auf Entwicklung, Vermittlung und wechselseitiger Akzeptanz und Wertschätzung basieren, sind damit mächtige Stolpersteine für die alltägliche Begegnung von Fachleitern und Vertretern der Schulen, wie sie in besonderem Maße in Nachbesprechung von Unterrichtsbesuchen vorkommen, aus dem Weg geräumt.

Gemäß der Selbstähnlichkeit von Systemen beziehen sich alle genannten Prozesse und Haltungen – hierarchieübergreifend – auf alle erdenklichen Beziehungen zwischen den am Bildungsbetrieb Beteiligten: Schüler-Schüler; Lehrer-Schüler, Lehrer-Lehrer, LAA-LAA, Fachleiter-LAA, Fachleiter-Ausbildungslehrer etc.

### Aufgaben der Kern- oder Hauptseminarleiter

Die Funktionen des Kern- oder Hauptseminarleiters variieren von Bundesland zu Bundesland (wie auch die genaue Bezeichnung). Ihm obliegt alles Überfachliche, das in den Handlungsfeldern der Lehrerausbildung zu finden ist (z. B. die pädagogische und schulorganisatorische Seite des Lehrberufs sowie das Handlungsfeld „Beraten" als vom Referendar zu erwerbende Kompetenz, schließlich das Feld „Schulentwicklung").

In NRW haben Kernseminarleiter (ehemals „Hauptseminarleiter") durch die Zusatzqualifikation eines Beraters mit Coaching-Elementen auch gegenüber den Jahren davor neue Aufgaben und Kompetenzen in der Referendarausbildung erhalten: Wegen des Vorrangs der individuellen Beratung fällt ihre Funktion als Beurteiler des Referendars komplett weg.

Dies hat für seine Rolle bei einer UNB entscheidende Konsequenzen: Kern- oder Hauptseminarleiter können den Fokus auf die Chancen der Verbesserung des Lehrerhandelns richten, ohne auf Beurteilungsfragen schauen zu müssen. Im Regelfall werden sie gesonderte Besuche bei den LAA vereinbaren, die dann auch in gesonderten Vier-Augen-Gesprächen besprochen werden. Hier hat eine Beratung mit Coaching-Elementen ihren sinnvollen Ort. Nimmt ein Seminarleiter an einer Runde mit weiteren Besuchern aus Schule und Seminar teil, liegen die Bedingungen für diese Art von Beratung nicht vor und sollten auch nicht zum Einsatz kommen.

Es ist leicht einzusehen, dass in einer gemischten Teilnehmerrunde Alleingänge eines Ausbilders zu vielfältigen Verletzungen der geltenden Spielregeln führen würden (Überschreiten des Zeitrahmens, Überschreiten der jeweiligen Zuständigkeit, z. B. durch Öffentlichmachen von Coaching-Inhalten, Ignorieren der im Allgemeinen auch unausgesprochen geltenden Gesprächssymmetrie unter Kollegen etc.).

## Zwischenfazit und Ausblick am Ende dieses Kapitels:

Warum ist dieses Buch überhaupt notwendig, wo es schon so viele Ratgeber für Gespräche gibt? Ist es nicht erfolgversprechender, sich mit gesundem Menschenverstand und gutem Willen hinzusetzen und nach den allgemeinen Regeln der Kunst, die jeder Teilnehmer beherrscht, die Sache zu besprechen, die im Falle der Unterrichtsnachbesprechung aus einer von einem Lehramtsanwärter gehaltenen Unterrichtsstunde besteht?
Auch ein Gesprächsritual ließe sich leicht finden. An Modellen und Handreichungen der Schul-Ministerien mangelt es ebenfalls nicht.
Es gibt jedoch drei entscheidende Umstände, die es als dringend geboten erscheinen lassen, eine UNB nur nach einem Gesprächsmodus verlaufen zu lassen, der auf die besonderen Anforderungen Rücksicht nimmt:

- Zum einen betrifft dies die Ambivalenz zwischen Lern- und Entwicklungsaufgaben und den durch Prüfungsordnungen festgelegten Leistungsanforderungen, die für Lehramtsanwärter oft ununterscheidbar verschlungen über jeder Besuchssituation herrschen kann. Hier sind kontextsensitive Differenzierungen und Definitionen des Unterrichtsbesuchs und der Nachbesprechung geboten, die auf den Beratungsmodus direkten Einfluss haben.
- Zweitens ist zu erwarten, dass es gerade in Gesprächsrunden mit mehr als zwei Teilnehmern zu Interessenkollisionen kommen kann, die nicht zu Lasten der LAA gehen dürfen. Daher ist eine Regelung notwendig, die ebenfalls Beratungsdetails betrifft.
- Schließlich: Selbst wenn beide Aspekte im Sinne eines konstruktiven Gesprächs gelöst sind, bleibt die Frage, durch welche Elemente gesichert werden kann, dass sich der LAA in seiner Lehrerhandlungskompetenz weiterentwickelt. Dies betrifft vor allem das Teilziel, im alltäglichen „Handeln unter Druck" (Wahl 2008) die eigenen subjektiven Theorien zu bearbeiten. Den Teilnehmern einer UNB fällt damit die Aufgabe zu, sich diese Theorien bewusst und bearbeitbar zu machen, eine Anforderung, die in der Ausgestaltung der UNB eine Entsprechung finden sollte.

| Tabellarisches Zwischenfazit: Kapitel 1 | |
|---|---|
| **Besondere Herausforderungen in einer Unterrichtsnachbesprechung:** | **Lösungsansätze:** |
| Vielfalt der Sichtweisen | Bewusster Umgang mit dieser Vielfalt |
| Interessen und Motive der Teilnehmer an einer Unterrichtsnachbesprechung | Appell an Authentizität und Adäquatheit |

# 2. Das Ausbildungselement Unterrichtsnachbesprechung

## 2.1 Als Lehr-/Lernsituation in der Lehrerausbildung

Wie im ersten Kapitel bereits aufgelistet, bringen die LAA der ambivalenten Handlungssituation UNB durchaus gemischte Erwartungen entgegen: Das Spektrum reicht von Befürchtungen wie Intransparenz der Strukturen, zu große Dominanz der Ausbilder, Überforderung und Entmutigung bis zu positiven Erwartungen wie der Vereinbarkeit von Kritik und persönlicher Entfaltung.

Lern- und Leistungsaspekte während der Nachbesprechung scheinen – systembedingt – auf beängstigende Weise miteinander vermischt zu sein, so dass eine klare Strategie dagegen erschwert wird. Einer deutlichen Trennung stehen aber oft die geltenden Ausbildungsordnungen entgegen.

Bei Carola Kreißig (2010, 73 f.) findet sich folgende Differenzierung, verbunden mit einer ausbildungsdidaktischen Empfehlung: Unterschieden werden Beurteilungshospitationen, Entwicklungshospitationen und Beratungshospitationen. Erstere geben den LAA vorrangig an Kriterien orientierte Rückmeldungen zur Unterrichtsqualität, die auch zu einer konkreten Notenmitteilung führen können. Entwicklungshospitationen sollen vom Notendruck befreit sein und den Anwärtern vorrangig Gelegenheiten zur Entfaltung der vorhandenen Handlungskompetenzen bieten, was im Einzelfall auch die rein heuristische Ermittlung des momentanen Leistungsstandes einschließen kann, um daraus persönliche Ziele für die Optimierung ableiten zu können. Im Mittelpunkt dieser Hospitation und der zugehörigen Nachbesprechung stehen somit Anregungen zur Entwicklung.

Es ist sinnvoll, vorher Arbeits- und Beobachtungsschwerpunkte zu vereinbaren, die auch den Leitfaden für die UNB abgeben. Kreißigs Forderung nach Verankerung dieses Ausbildungsinstruments kann man nur unterstützen; jedoch bedürfen diese institutionalisierten Freiräume für die individuelle Entwicklung des besonderen Schutzes, sei es durch die geltende Ausbildungsordnung des jeweiligen Bundeslandes, sei es durch verbindliche Regelungen der Bezirksregierungen oder durch entsprechende Praktiken der ausbildenden Seminare. Wie vielfache Erfahrungen zeigen, gelingen Maßnahmen unterhalb dieser Verbindlichkeitsschwelle nur selten oder zufällig, da oft nur unklar definierte Mehrarbeit der LAA und Ausbilder mit im Spiel ist und somit vor allem Ersteren die Möglichkeit fehlt, derartige Hospitationen einzufordern.

Umsetzbar wären Entwicklungshospitationen sowohl in der Form der bewährten Gruppenhospitationen als auch im üblichen Rahmen einer Einladung von ausgewählten Personen (einzelne Mitreferendare, Ausbildungslehrer, Fachleiter).

Beratungshospitationen sollen laut Kreißig „auf ausdrücklichen Wunsch" der LAA erfolgen; sie werden als „zielgerichtete Suche für ein bereits benanntes Problem über einen kooperativen Beratungsprozess" verstanden (Kreißig 2010, 71).

Hier wird einerseits eine Verwandtschaft zur Entwicklungshospitation sichtbar (individuelles Problem, ggf. kooperative Beratung, Feedback etc.), andererseits fügt Kreißig als markanten Unterschied die Klausel hinzu, dass der oder die Berater nicht in der Ausbildung involviert sein soll(en), womit offensichtlich Ausbilder ohne Beurteilungsfunktion gemeint sind (Kreißig 2010, 74).

Umsetzbar wäre dieses Ausbildungsinstrument unter ähnlichen Verbindlichkeitsauflagen (vgl. Entwicklungshospitation) sowie durch Bereitstellung von Coaching-Beratern bzw. -Beratungsstrukturen (vgl. Kap. 1.7).

In den beiden letztgenannten Hospitationsformen wird volles Vertrauen in die Ressourcen des LAA und ihre Entwicklungsfähigkeit gesetzt. Von diesem Ansatz geht die berechtigte Erwartung aus, dass Referendare auf der Basis von eigenen Könnenserfahrungen und den entsprechenden Rückmeldungen Dritter auch eine realistisch-konstruktive Haltung gegenüber verbesserungswürdigen Kompetenzbereichen entwickeln, so dass auch auf ihrer Seite der Grund für einen förderlichen Umgang mit fachlich-didaktischer Kritik gelegt ist. Wird das von Ausbilderseite aufgebrachte Vertrauen für den LAA spürbar, kann damit der (Umkehr-?)Punkt erreicht sein, an dem sich eine produktive Rückkoppelung einstellt (z. B. durch mehr Experimentierfreude und Wagnis mit der Chance auf Freiräume für weitere Könnenserlebnisse und eine im Ganzen konstruktive

Reflexion des Werdegangs). Diese Nahtstelle zwischen Lern- und Leistungssituation wird in Kapitel 5 unter dem Gesichtspunkt der Ausbilder- und Berater-Haltungen erneut Gegenstand der Betrachtung sein.

Ideen zur Vermehrung der Lerngelegenheiten sind insgesamt zu begrüßen (Beispiele: Lehrerausbildung in Hessen, Coaching-Anteile in NRW): Es ist wünschenswert, dem Aspekt der Entwicklung mehr Bedeutung zuzumessen und innerhalb der Ausbildung konkret mehr Raum für die entsprechenden Prozesse zu geben. Letzteres heißt aber, dass Entwicklungshospitationen, Beratungsbesuche, Coachings oder gar ein auf Entwicklung abgestimmter Bewertungsmodus in der Ausbildungsordnung verankert sein müssen und nicht als eine freundliche Empfehlung bzw. ein freiwilliges Additum gesehen werden. Ohne den offiziellen Charakter wird es wohl kaum zu nennenswerten Bemühungen (auf LAA- oder Ausbilderseite) kommen, da bei beiden die Erledigung der Pflichten Vorrang hat.

Im Folgenden gehen wir daher vom Wünschbaren wieder zurück zu durchschnittlichen, real existierenden Ausbildungsbedingungen und suchen innerhalb dieses Regelwerks nach Möglichkeiten, den Anteil von Lerngelegenheiten und Entwicklungszonen zu stärken.

Die UNB ist ein beispielhafter Lernort dafür, da gerade hier die Nahtstelle zwischen Lernen und Leistung deutlich hervortritt.

## 2.2 Als Leistungssituation: Bewertung nach Leistungsstandards

Zur Erlangung der Lehrbefähigung für ein Lehramt ist es erforderlich, entsprechende Handlungskompetenzen unter Beweis zu stellen. Die Unterrichtsnachbesprechungen sind die Hauptbühnen, auf denen diese Nachweise erbracht werden müssen.

Daneben gibt es noch das Erprobungsfeld Schule außerhalb der UNB, auf welchem in vielfältiger Weise bewertbares Lehrerhandeln dokumentiert wird (Engagement im Schulleben, Agieren im Unterricht unter Anleitung, Beratung von Schülern und Eltern etc.).

Auf Seiten der Zentren für Lehrerbildung sind die Seminarsitzungen und Mitwirkungsorgane zu nennen, in welchen LAA Beiträge unterschiedlichster Art leisten können. Im Regelfall stehen all diese Beiträge in Schule und Seminar im Rang eines Korrektivs zu den Leistungen, die durch Unterrichtsbesuche erbracht werden; Ausnahmen sind für das schulische Endgutachten denkbar, wenn äußerst wertvolle Beiträge im sonstigen Schulleben gezeigt wurden, durch die das erreichte Notenniveau nochmals nach oben (oder – bei mangelnder Bewährung im sonstigen Schulleben – nach unten) verändert werden kann.

Im Seminarendgutachten werden vorrangig die Beurteilungen der Unterrichtsbesuche zu Buche schlagen. Entsprechend viel Energie der LAA wird in diese Teilleistungen fließen, entsprechend fokussiert erscheinen die UNB, in denen ja das im Unterricht Gezeigte durch Reflexion und Darstellungsweisen beleuchtet und dadurch erneut modifiziert werden kann.

Rein äußerlich wird man als Beobachter womöglich keinen Unterschied zwischen einer Leistungshospitation und einer Entwicklungs-Hospitation bemerken (falls man sich dieser terminologischen Differenzierung anschließen kann). In beiden Fällen werden vermutlich sorgfältig geplante und in einem Entwurf skizzierte Stunden durchgeführt. In beiden Fällen kommt es zu einem reflexiven Nachvollzug des Geschehenen und Gesehenen. Es ist denkbar und teilweise üblich, dass auch als Leistungs-Hospitation angesetzte Besuche unter einer zuvor festgelegten Anzahl von didaktisch-methodischen oder pädagogischen Schwerpunkten erfolgen. Auf diese bezieht sich dann die Beratung; an diesen „Arbeitsfronten" sollen sich nach Möglichkeit auch jeweils Entwicklungsschritte einstellen (können). Entwicklung sollte schließlich das Ziel eines jeden Unterrichtsbesuchs sein, auch eines bewerteten, der nicht unter vereinbarten Schwerpunkten stattfindet.

So verbleibt einzig der äußere Unterschied, dass in der definierten Entwicklungssituation Lernen und Weiterentwicklung im Vordergrund stehen und es zu keiner Bewertung mit einer Note kommt. Diese sind der Leistungshospitation vorbehalten.

Nur in Ausnahmefällen machen allerdings Prüfungsordnungen für die Lehrerausbildung die o. g. Unterscheidung explizit (vgl. das Beispiel Hessen). Somit ist es Sache von Vereinbarungen zwischen Ausbildern und LAA oder Bestandteil eines regionalen Seminarprofils, ob neben den geltenden Pflichtbesuchen Freiräume für Lernsituationen in Form von Unterrichtsbesuchen angeboten werden.

Spätestens im tatsächlichen Ablauf einer Nachbesprechung treten Unterschiede zutage, sei es durch deutliche Strukturmerkmale (z. B. feste Verankerung eines Parts, in welchem die Leistung thematisiert und auch notenmäßig benannt wird, oder durch offen gelegten Einsatz eines Leistungsbeurteilungs-Instruments, das unter Umständen die gesamte Nachbesprechung wie ein Leitfaden begleitet), sei es durch weniger auffällige Indizien (z. B. indem verbal geäußert wird, dass es um diese oder jene Leistungsverbesserung oder gar um diese oder jene erreichbare Endnote geht).

Nicht selten sind die Fälle, in denen die Leistung auf der Ebene der Bewertung gar nicht zur Sprache kommt und die LAA auf eine entsprechende Nachfrage verzichten. Dies kann wiederum auf eine sinnvolle Vereinbarung der Seminarpraxis zurückgehen (z. B. bezogen auf den ersten und zweiten Unterrichtsbesuch) oder auf ein Versäumnis des Ausbilders oder des Referendars, je nachdem wie dies von der Seminarordnung vorgesehen ist.

Werden über weite Strecken der Ausbildungszeit Angaben über den Leistungsstand ausgeklammert, kann dies gegen Ende bei Bekanntgabe der Noten zu einem bösen Erwachen mit Diskussionen über diskrepante Wahrnehmungen und Einschätzungen führen.

**Auswirkungen der Leistungssituation auf die UNB**

Zur genauen Beobachtung und Ermittlung der gezeigten Teilkompetenzen kommt häufig ein sogenanntes Leistungstableau zum Einsatz, das zumeist in Seminaren und Ausbildungszentren als Leitfaden für die UNB-Notation und die UNB entwickelt wurde (vgl. auf S. 40 z. B. das Leistungstableau des Zentrums für schulpraktische Lehrerbildung Engelskirchen, an dessen Entstehung auch die Autoren beteiligt waren). Diese Übersichten werden zumeist über Jahre hin fortgeschrieben und stellen einen großen Erfahrungsschatz einer Ausbildungsinstitution dar, indem sie über die bloße Standardbeschreibung der von der Prüfungsordnung geforderten Leistungen hinausgehen und z. B. eine Zuordnung von Entwicklungsstand und Leistungs-Soll enthalten, z. B. durch deutlich reduzierte Raster für die Einstiegsphase des Referendariats: etwa für Unterrichtsbesuch 1 und 2, weiter ausdifferenzierte Checklisten für die Zeit der Unterrichtsbesuche 3 und 4 sowie die Darstellung aller wünschenswerten Leistungsmerkmale in der Vorbereitungsphase auf das Examen (Unterrichtsbesuch 5 und eventuell weitere).

Unabhängig von den durch die jeweilige Ausbildungsphase gegebenen Schwerpunkten der Beobachtung und Nachbesprechung sollte jede UNB nach Schwerpunktsetzung vonstattengehen. Ausbilder neigen manchmal dazu, alle beobachteten Unzulänglichkeiten zur Sprache zu bringen, was für einen LAA, besonders in der Eingangsphase, entmutigend sein kann und was in der gemischten Teilnehmerrunde darüber hinaus zur Sorge um das zeitliche Limit führt. Da durchschnittlich 60 bis 90 Minuten für eine UNB zur Verfügung stehen, sollte man auch die Anzahl der Gesprächsthemen (TOPs) überschaubar halten (etwa drei bis fünf). Von der Haltung: „Ich lege die Elemente einer Stunde auf den Tisch wie ein Uhrmacher die Teile einer Uhr" sollte man sich dringend verabschieden, auch wenn es reizen könnte, vor einem fachkundigen Kreis zu demonstrieren, was man sonst noch so alles entdeckt hat.

Bedeutsam ist an dieser Stelle, dass die zuständigen Ausbilder den Beurteilungsaspekt in angemessener Weise anbringen, nicht, weil LAA grundsätzlich mit Samthandschuhen anzufassen wären, sondern um den Kernaspekt „Weiterentwicklung" nicht zu gefährden. Fehlerhinweise und -analysen sollen nicht den Effekt haben zu brandmarken, sondern die Zuversicht auf die Behebbarkeit der Schwächen wecken bzw. vergrößern.

**Zwischenfazit und Ausblick am Ende dieses Kapitels:**

Leistungs- und Entwicklungshospitationen sind nur in zuvor vereinbarten Ausnahmefällen klar voneinander unterschieden. In allen übrigen Fällen sind beide Komponenten gleichzeitig vertreten; sie stehen in einem gewissen Spannungsverhältnis zueinander und sollten je nach Situation innerhalb der UNB unterschiedlich fokussiert werden. Beide bleiben auf die Merkmale der Handlungskompetenzen einer Lehrkraft bezogen, in deren Mittelpunkt die Aspekte des „guten Unterrichts" stehen (vgl. Kap. 4).

Zunächst soll aber den Fragen nachgegangen werden, wie Lehrkräfte sich allgemein gegen die druckvolle Bewährungssituation „Unterricht" (ob beim Unterrichtsbesuch oder im normalen Alltag) wappnen, welche Strategien und Routinen sie ausbilden und welche Rolle subjektive Theorien dabei spielen (Kap. 3).

**Tabellarisches Zwischenfazit: Kapitel 2**

| **Besondere Herausforderungen in einer Unterrichtsnachbesprechung:** | **Lösungsansätze:** |
|---|---|
| Gleichzeitig Freiraum zur Entwicklung gewähren und Leistung beurteilen | ▪ Neben bewerteten Unterrichtsbesuchen möglichst viele beurteilungsfreie Lerngelegenheiten schaffen<br>▪ Für bewertete Unterrichtsbesuche die nötige Vertrauensgrundlage herstellen (Transparenz, Feedback, Diskurs-Charakter, Fairness) |

# 3. Unterricht als Handeln unter Druck

## 3.1 Der Unterrichtsbesuch als Bewährungssituation für Unterrichtende und Ausbildende

Reformbedingte Veränderungen im Lehrer-Berufsbild der letzten 15 Jahre haben dazu geführt, dass nicht nur Referendare die neue Komplexität in Theorie und Praxis zu bewältigen haben, sondern dass auch Ausbilder (in Schule und Seminar) immer wieder Handlungsanforderungen gegenüberstehen, für die es nur wenige bzw. keine Routinen gibt, so dass ein signifikanter Erfahrungsvorsprung gegenüber den LAA oft nicht gegeben ist (so in Themenbereichen wie Inklusion, individuelle Förderung, Umgang mit Heterogenität etc.).

Auch unabhängig von Reformthemen der letzten Zeit war und ist bei Unterrichtsbesuchen und in ihren Nachbesprechungen stets etwas davon zu spüren, dass es bei nahezu allen Beteiligten darum geht, sich vor diesem Forum, und sei es noch so klein, als kompetent zu erweisen und Blößen jedweder Art zu vermeiden. Schließlich agieren hier Lehrpersonen vor einem Publikum aus weiteren Lehrpersonen, und die Gefahr, in der immensen Vielfalt des fachlich-pädagogischen Universums etwas Falsches oder nur Rückständiges zu sagen oder zu tun, mag wohl als ebenso immens empfunden werden.

Handeln unter Druck kann also auch die Situation der Teilnehmer einer UNB kennzeichnen.

Das gewandelte Terrain eines Lehrers wird beispielhaft sichtbar bei einem Blick auf die Übersicht der Handlungsfelder in der Lehrerausbildung in NRW, aus denen später die zu erwerbenden konkreten Kompetenzstandards generiert werden:

1. Unterricht gestalten und Lernprozesse nachhaltig anlegen (trad.: Unterrichten),
2. den Erziehungsauftrag in Schule und Unterricht wahrnehmen (trad.: Erziehen),
3. Leistungen herausfordern, erfassen, rückmelden, dokumentieren und beurteilen (trad.: Beurteilen),
4. Schülerinnen, Schüler und Eltern beraten (trad.: Beraten),
5. Vielfalt als Herausforderung annehmen und Chancen nutzen (neu profiliertes Feld, das Anteile in allen übrigen Feldern hat),
6. im System Schule mit allen Beteiligten entwicklungsorientiert zusammenarbeiten (neu profiliertes Feld, das vor allem auf Kooperation und Innovation ausgerichtet ist).

Lehramtsanwärter sollen in nur 18 Monaten (nach Absolvieren diverser Praktika) innerhalb dieses Handlungsgeflechts lernen, sicher aufzutreten und zu agieren. Dies ist selbst für manche gestandene Lehrerpersönlichkeit eine Aufgabe voller Hindernisse und Stolpersteine. Der Effekt auf den Berufsanfänger, der am ehesten prognostiziert werden kann, dürfte das „Handeln unter Druck" sein.

In seiner umfassenden Darstellung der Strukturen der UNB listet Jürg Schüpbach (Schüpbach 2005, 24 f.) die Dimensionen auf, die ein „Handeln unter Druck" in vielfältigen Formen erzeugen und am Leben erhalten:

- die generelle Komplexität des Unterrichts,
- die Situationsdynamik als kaum antizipierbaren Faktor,
- Zeitdruck, Erwartungsdruck, emotionalen Druck,
- die Simultanität des Geschehens, Multitasking und mehrere Handlungsalternativen,
- die ständig wachsende Heterogenität der Lerngruppen,
- den permanenten Wandel der Unterrichtskonzeptionen als Folge der Veränderung der Bildungs- und Erziehungsziele.

Er fügt eine Einschätzung Shulmans hinzu, der aus dieser Warte das Unterrichten als eine „weit anspruchsvollere Beschäftigung als die Medizin" betrachtet (zitiert bei Schüpbach 2005, 25).

Wir finden, dass diese „Bescheinigung" des hohen Anspruchs an Lehrer im Zusammenhang mit der UNB, einer herausgehobenen Bewährungssituation, eine nachhaltige Berücksichtigung finden sollte:

- Ausbilder sollten sich darüber klar sein, dass ein Anwärter beim Kompetenzerwerb in dieser Größenordnung situationsbedingt Fehler machen wird; sie sollten ebenfalls den Zusammenhang bedenken, dass sie es sind, die mit der Art der Thematisierung dieser Fehler (von Unzulänglichkeiten bis hin zu gravierenden Mängeln) darüber entscheiden, wie viel und welche Art von Druck (vor, während und nach der gezeigten Unterrichtsstunde) beim LAA aufgebaut wird und in welcher Form sich dieser Druck auf Lernhaltung, Entwicklungsperspektive und Abhilfemechanismen auswirkt.
- Ausbilder sollten die ungünstige Kopplung von Druckerlebnissen und Flucht in irgendwie geartete Überlebensstrategien kennen, um eventuell gegensteuern und auf einen positiv besetzten Regelkreis hinarbeiten zu können.

- Ausbilder sollten Lob und Ermutigung gerade angesichts der skizzierten Anspruchslage zur Generalmaxime erheben.
- LAA sollten auch kleine Erfolge bewusst registrieren und sich dafür belohnen.
- LAA sollten genau hinhören und ggf. nachfragen, wenn ihnen etwas als fehlerhaft rückgemeldet wird: Fehlerhaftes ist in einem Spektrum von harmlos bis gravierend zu finden, zu gewichten und nicht pauschal mit einem Selbstverriss oder einer ungünstigen Überlebensstrategie zu beantworten, die alle feinsinnigen Vorhaben wieder über Bord wirft.
- LAA sollten Interesse an konstruktiver Kritik entwickeln, verbunden mit der berechtigten Zuversicht, dass besonnene und kontinuierliche Arbeit an Zurückgemeldetem der sichere Schlüssel zu einer erfolgreichen Weiterentwicklung ist.
- LAA sollten davon ausgehen, dass es normal ist, wenn ihr Erwerb von Wissen und Können einen Prozess mit mehrfachen Umschichtungen (inklusive möglicher Umwertungen) durchlaufen muss.

## 3.2 Lehrer als „Dauerreflektierende" zwischen wissenschaftlichen und subjektiven Theorien

Dankenswerterweise hat sich die Lehrer-Handlungs- und Kognitionsforschung auch dieses Bereichs angenommen. Auf einige ihrer Grundzüge soll zurückgegriffen werden, um die Einordnung des Lernprozesses, der sich durch eine UNB ergeben soll, in den mutmaßlichen Bestand an Lehrerwissen (Handlungswissen, deklaratives Fachwissen etc.) sowie ggf. erforderliche korrektive Maßnahmen besser vornehmen zu können.

Lehrer in der Ausbildung verfügen nach Absolvierung ihres Studiums und nach praktischen Erfahrungen in der Schule über einen gemischten Wissensbestand aus Theorie- und Erfahrungswissen. Letzterer wächst, sofern das Referendariat begonnen wurde, besonders schnell; aber auch in den neueren Studiengängen ist ein zunehmender Praxisanteil bereits vorgesehen (vgl. diverse Praktika in Bachelor- und letztlich das Praxissemester in Master-Studiengängen). Unter „Erfahrungswissen" kann verstanden werden:

- die Ansammlung eigener Unterrichtserfahrungen,
- eine Übernahme von kollegial ausgetauschten Erfahrungen,
- das Lernen von anderen Anwärtern, Mentoren und Ausbildungslehrern,
- eine bewusste oder weniger bewusste Übernahme von Handlungsweisen vorbildlicher Lehrer (früher oder gegenwärtig) etc.

Weiteres Theoriewissen wird nun in den Ausbildungszentren oder Studienseminaren beigesteuert. Leider ist das Verhältnis von Theorie und Praxis nicht so förderlich, wie es sein könnte. Praktiker sehen sich mit Blick auf bewährte Verfahren oft im Vorteil und legen Skepsis an den Tag, wenn LAA mit Vorschlägen kommen, die noch wenig erprobt sind, aber eventuell zu den Favoriten der Seminarausbilder gehören. Wenn diese Skepsis auch von Fall zu Fall berechtigt sein mag, so wird doch oft übersehen, dass die Lehrerausbildung mit ihren neuen Konzepten auch auf veränderte Schulgesetze reagieren muss (vgl. die Beispiele der Inklusion und der individuellen Förderung mit den auch methodisch erforderlichen Konsequenzen).

Zwiespälte sind damit vorprogrammiert: Wollen LAA den Schulalltag erfolgreich überstehen, mögen die angeeigneten Verhaltensmuster von Fall zu Fall hilfreich sein; wollen sie zugleich allen geltenden Kompetenzstandards genügen, geraten sie nicht selten in ein Dilemma. Das erlernte Muster und das erwünschte Verhalten laut Kompetenz-Vorgaben scheinen nicht oder nur teilweise deckungsgleich oder nicht miteinander kompatibel zu sein. In Handlungsbegrifflichkeit ausgedrückt: Was sich in der Praxis zur Erfüllung bestimmter Anforderungen bewährt hat, ist in der Leistungsperspektive der Ausbilder bzw. der Ausbildungsstandards mit Blick auf andere Anforderungen eventuell nicht hinreichend oder gar unerwünscht.

Wenn z. B. ein praktiziertes Gruppenarbeitsschema sich darin bewährt hat, dass der Unterricht geordnet abläuft und somit dem LAA keine disziplinarischen Probleme erwachsen, so ist verständlich, wenn er oft danach verfährt. Vermisst ein Ausbilder dabei jedoch, dass Chancen auf Differenzierung der Teilaufgaben (eventuell mit einer Chance zur individuellen Förderung) wahrgenommen werden, so ist gemeinsam zu beraten, wie das ursprüngliche Handlungsschema verlassen bzw. modifiziert werden kann.

Ein anderes Beispiel: Werden Einstiegsrituale hauptsächlich gewählt, um durch Aktion, Anschauung etc. Spannung bzw. gute Stimmung zu erzeugen, so kann trotz dieser positiven Zielsetzung die Frage auftauchen, wie man zugleich auch eine zeitökonomische Hinführung in eine klare und für die Stunde tragende Problemstellung erreichen kann. Wenn die lieb gewonnene Eigenart der Lehrkraft häufig zu Zeitknappheit im Rest der Stunde führt, muss durch Bewusstmachung das gewohnte Ritual quasi geöffnet und für eine zusätzliche, eventuell zielführendere Maßnahme verändert werden.

Verkomplizierend kommt hinzu: Beide Wissenssysteme sind jeweils in Bewegung: Erfahrungen verändern sich (z. B. bei markant verändertem Schülerverhalten) ebenso wie die Theorien, die sich auch unterhalb der Schwelle des

Paradigmenwechsels ändern, indem es z. B. in einem Seminar zu einem Wechsel in der Präferenz von didaktischen Ansätzen oder Methoden kommt). Diese Dynamik scheint die Bewährungsprobe der angehenden Lehrkräfte nochmals zu potenzieren, statt sie beherrschbarer zu machen.

**Eine offene Lernhaltung einnehmen**

Es ist nur zu verständlich, dass LAA in der Bewährungssituation wiederum auf Bewährtes zurückgreifen, um im Schulalltag zu bestehen: Inmitten dieser vielfältigen Ansätze, Hilfsangebote und bereits erworbener eigener Standfestigkeit greifen Lehrpersonen zu strukturgebenden Mustern, die ihnen dazu tauglich erscheinen, das Alltagspensum zu bewältigen, sei es mit System oder auch nur irgendwie (vgl. Wahl 2006, 24 f.). Dennoch sind die Anforderungen an sie so umfassend, dass auch die innovativen Bestrebungen des Systems Schule in ihrer Ausbildung mitabgedeckt werden müssen, Bereiche also, für die es noch wenig Bewährtes (pädagogische Strategien, didaktische Konzepte und Methoden) gibt.

Hierzu bedarf es einer offenen Lernhaltung und der Bereitschaft jeder Lehrkraft, insbesondere aber der Referendare, sich die liebgewordenen Routinen und Bewältigungsstrategien, so bewährt sie in anderen Arbeitskontexten auch sein mögen, immer wieder bewusst zu machen und auf die subjektiven Theorien hin, denen sie meist unbewusst folgen, zu hinterfragen. Stellt sich heraus, dass diese subjektiven Vorstellungen vom Gelingen des Unterrichts und des erzieherischen Handelns mit anderen (zumeist innovativen Zielen) nicht kompatibel sind, so müssen sie wohl oder übel außer Kraft gesetzt und eine Routinebildung – gewissermaßen auf höherem Niveau – neu gestartet werden.

Für die zu initiierenden Veränderungen kommen nun die Seminarausbilder sowie die schulischen Ausbilder auf den Plan. Klar dürfte auch sein, dass pure Ratschläge als Praxistipps der Situation nicht gerecht werden, da sie ja nur den Pool an Theorien vergrößern und undurchschaubarer machen würden. Es geht vielmehr darum, die LAA in die Lage zu versetzen, die real existierenden Handlungsleitlinien zu benennen, zu erkennen und auf ihre Dienlichkeit im Sinne des gewünschten Unterrichts- und Erziehungskonzepts zu beurteilen und zu verändern.

Im Idealfall sollten die Einsichten und Erkenntnisse, die aus den UNB resultieren, so tiefgreifend sein, dass sich junge Lehrer auch nach Beendigung der Zeit von Leistungsüberprüfungen den Herausforderungen stellen, die moderner Unterricht abverlangt, und nicht in alte Verhaltensmuster zurückfallen, die einfacher erscheinen.

## 3.3 Lehrer werden – ein Balance-Akt zwischen erreichter Standfestigkeit und neuen Anforderungen

Lehrer, insbesondere solche in der Ausbildung, sind ständig mit Lernen beschäftigt: dem ihrer Schüler und dem eigenen. Sie haben die Möglichkeit zu lernen, wo immer sie sich neues Wissen aneignen (alltägliche Kumulation von deklarativem Sach- und Fachwissen), sodann bei der Aneignung von pädagogischem und didaktischem Spezialwissen (z. B. in Seminarveranstaltungen), aber nicht zuletzt auch immer da, wo sie ihr eigenes Tun reflektieren (reflexives Praxiswissen). Bei letzterem besteht die Chance, sich ihrer eigenen subjektiven Theorien bewusst zu werden, die einen erheblichen Anteil an der tatsächlichen Handlungssteuerung ausmachen, aber auf Grund ihres latenten Daseins nur bedingt ans Licht kommen. Eine Bedingung hierfür könnte eine gelingende Beratung innerhalb und im Anschluss an die UNB sein, sofern unter den Teilnehmern genügend Einfühlung, eine gewisse Zurückhaltung mit Tipps und Ratschlägen sowie ein gewisses methodisches Knowhow zur Thematisierung bzw. Darstellung jener Theorien vorliegen, z. B. beim Aufspüren von Verhaltensmustern in prototypischen Situationen (vgl. Wahl 2006, 88).

Interessant, ja bisweilen dramatisch und brisant können die Aktivitäten der Selbstreflexion werden, wenn LAA dabei auf Geltungskonflikte stoßen, etwa der Art, dass eine als sicher und lernwirksam geglaubte Methode von einem Ausbilder oder Theoretiker stark in Zweifel gezogen oder gar in Misskredit gebracht wird. Irritation und Handlungsunsicherheit können die unmittelbare Folge sein. Falls diese veränderte Sicht seitens des Ausbilders nun auch noch favorisiert wird, kommt dies für den LAA einem unerwarteten Paradigmenwechsel nahe, zumindest einer Art evolutionärer Konkurrenz unterschiedlicher Ansätze, zwischen denen man sich entscheiden muss.

### Die kognitive Landkarte

Äußerst hilfreich ist hier die modellhafte Vorstellung von kognitiven Landkarten, in denen sich die augenblicklichen Wissensbestände und Veränderungsvorgänge als (alte und neue) Eintragungen im Wissensnetz dargestellt denken lassen.

Es erscheint uns für Teilnehmer einer Nachbesprechung von Vorteil, wenn sie diese Perspektive einnehmen können, denn bei ihren Beratungsbeiträgen handelt es sich um nichts weniger als um Eingriffe in das sensible Fließgleichgewicht, das sich in der kognitiven Landkarte eines Lernenden (hier thematisiert als Lernen eines Lehrers) permanent ab- und einspielt. Während kumulatives

Lernen für Lerner, speziell für lernende Lehrer, vertraute Veränderungen darstellt (tägliche Erweiterung des Wissensnetzes), können Lernvorgänge mit evolutionärem Charakter tiefer greifende Veränderungen wie Irritationen, turbulente Umbrüche und Krisen hervorrufen. Sie verdienen besondere Aufmerksamkeit, da es sich bei der UNB um eine höchst anspruchsvolle Ausbildungssituation handelt, in welcher häufig zunächst Dissens herrscht bzw. herrschen muss, der nach Möglichkeit in einen fruchtbaren Konsens überführt werden soll. Dies wird umso eher gelingen, je stärker die relevanten lernpsychologischen und kommunikationstheoretischen Kontexte hier Berücksichtigung finden.

Ausbilder befinden sich also in der ambivalenten Rolle dessen, der sowohl Vertrauen der Lehramtsanwärter in die eigenen Ressourcen schaffen als auch methodische Skepsis zur Relativierung und Verflüssigung unerwünschter Handlungsmuster initiieren soll.

Sie werden diese anspruchsvolle Mission umso erfolgreicher gestalten, je mehr Bewusstsein sie vom Geschehen innerhalb des Fließgleichgewichts haben, das auf Seiten der LAA durch Lernprozesse ausgelöst wird. Die von ihnen zu Recht neben Lob und Ermutigung erwarteten kritischen Äußerungen können die kognitive Landkarte eines LAA zumeist (kurzfristig) aus dem Gleichgewicht bringen (vgl. Beispiele in 3.2). Auf diese dem Lernfortschritt dienliche Erschütterung sollte jedoch eine Phase der Konsolidierung folgen, d. h. eine Phase, die eine Neuorientierung in der veränderten Karte (cognitive map) ermöglicht und die in der Folge auch zu einer Neuorganisation der Handlungskompetenz führen kann.

In diesen Konsolidierungsphasen sollte eine offene, geduldige, fehlerfreundliche Haltung, die sich der Prozesshaftigkeit bewusst ist, vorherrschen. Auch sollte jedem Teilnehmer bewusst sein, dass die Vielzahl der Signale, die in einer Nachbesprechung an den LAA gerichtet sind, von diesem zuerst stimmig gemacht werden müssen, wenn das kognitive und (!) seelische Gleichgewicht wiederhergestellt werden soll (und das muss es ja!). Zuvor müsste sogar die Frage beantwortet werden, ob jene Signale in ihrer Vielzahl überhaupt stimmig zu machen sind. (Die Konnotationen der geäußerten Empfehlungen einzelner Gesprächsteilnehmer können im Grenzfall so stark divergieren, dass niemand in der Lage wäre, also auch ein LAA nicht, diese stimmig zu machen.)

Diese Frage wird im Kapitel 6 (Strukturen der UNB, z. B. in der Phase der Gewichtung) erneut aufgegriffen.

Methodische Skepsis mit anschließender Konsolidierung würde in Reinkultur eine Art des Sokratischen Gesprächs bedeuten, in welchem der Ausbilder gezielt die Erschütterung erworbenen Wissens provoziert, um in einem möglicherweise zeitraubenden und umwegigen Prozess eine neue Sicherheit und Wissensbasis herzustellen. Schüpbach (2005, 71 f.) führt diese Gesprächsform als eine mögliche Methode für die UNB an. Wir erachten das Element des Denkanstoßes darin für wertvoll, würden aber eine solche Gesprächssequenz eher in ein Coachinggespräch verlagern, als sie unter den durchschnittlichen UNB-Bedingungen auch nur versuchen zu wollen.

**Tabellarisches Zwischenfazit: Kapitel 3**

| **Besondere Herausforderungen in einer Unterrichtsnachbesprechung:** | **Lösungsansätze:** |
|---|---|
| Erdrückende Vielfalt von zu erwerbenden Kompetenzen – unter Handlungsdruck des Alltags und der Ausbildung | ▪ Didaktische Reduktion auch für angehende Lehrer<br>▪ Toleranz und Behutsamkeit im Umgang mit der Entwicklung subjektiver Theorien<br>▪ Bewusstsein von kognitiven Landkarten und vom Regelkreis um das Fließgleichgewicht bei deren Veränderung |

# 4. Unterricht als Gegenstand der Unterrichtsnachbesprechung

Die Ergebnisse der Unterrichtsforschung gehen modifiziert in die Standards ein, in welchen die einzelnen Prüfungsordnungen ihre Anforderungen an die LAA für guten Unterricht bzw. gutes Lehrerhandeln formulieren. Bereits ein flüchtiger Blick auf diese Standards macht klar: Den vielen angestrebten Teilkompetenzen wird die Lehrerausbildung nur gerecht werden können, wenn sie ihr Lehr-/Lernpensum mindestens ebenso behutsam didaktisiert, wie das für das Unterrichten von Schülern gefordert wird.

Die von uns als Referenz gewählten Merkmalsammlungen für guten Unterricht sind weitgehend in der Schul- und Seminarlandschaft etabliert. Dennoch ist damit nicht garantiert, dass in Unterrichtsnachbesprechungen alle Teilnehmer von der gleichen Ideal-Matrix ausgehen, und wäre das so, ist nicht gesagt, dass man sich darüber einig ist, wie nah der real gesehene Unterricht dem mutmaßlichen Ideal kommt. Hitzige Debatten und Auseinandersetzungen über guten Unterricht sind also vorprogrammiert.

In diesem Zusammenhang kommt überraschend die Ambivalenz von subjektiven Theorien noch einmal ins Spiel.

### Hermeneutisches Loblied auf die subjektiven Sichtweisen und Theorien

Dass wir es in der UNB auch mit subjektiven Sichtweisen und Theorien zu tun haben, und nicht nur mit der „reinen Lehre", ist mit Blick auf die allgemeine Dynamik menschlichen Verstehens, Verständigens, Interpretierens und Aushandelns nur allzu verständlich, ja vielleicht sogar banal. Es ist auch nicht weiter zu beklagen, denn in den subjektiven Sichtweisen liegen die Würze und die Lebendigkeit, die im Lehrerhandeln von großem Wert sind.

Nicht selbstverständlich und keineswegs banal ist es zu fordern, dass dieses Bewusstsein bei der Betrachtung und Beurteilung von Referendarleistungen wachgerufen und auch zur Entlastung der LAA angewendet wird.

Auch in den Handlungs- und Erkenntniszusammenhängen der Lehrerausbildung können wir den hermeneutischen Zirkel nicht einfach abschütteln. Wir müssen grundsätzlich die Spannung von Teil-Ganzes-Beziehungen aushalten (so etwa in der Startsituation der Ausbildung: Teile sind greifbar, das Ganze nicht); wir bleiben andererseits grundsätzlich auf Vor-Urteile, auf Vorläufiges, noch nicht in der empirischen Schulwirklichkeit Bewährtes angewiesen. Handelnde können nicht warten, bis die Prozesse der Wahrheitsfindung abgeschlossen sind (und sind sie es jemals?). Im Alltag Handelnde, auch Funktionsträger der Gesellschaft (Politik, Schule etc.), handeln erfolgreich, weil sich auch auf der Grundlage von Vor-Urteilen (im hermeneutisch positiven Sinn) treffsicher entscheiden lässt. Sie sind keine Fehlurteile, sondern vorläufige subjektive Einschätzungen im Modus der Annäherung, die sich im Laufe ihrer Entwicklung immer feinsinniger graduiert haben und der mutmaßlichen objektiven Lösung eventuell schon sehr nahe kommen können.

Bisher konnte es also so scheinen, als seien subjektive Theorien über guten Unterricht das Kennzeichen allein des Berufsanfängers bzw. Referendars, indem sie nur auf das hinweisen, was jener auszubessern bzw. zu überwinden hat (Kap. 3).

Im hermeneutischen Sinn kennzeichnen sie jedoch jeden, der sich in Bezug auf ein Ideal (eine Erkenntnis, ein sicheres Urteil, eine praktische Wahrheit etc.) noch im Annäherungsprozess, d.h. im Stadium des „Vorurteils" befindet. Dies würde also auch für Verfechter einer wissenschaftlichen Theorie x des guten Unterrichts gelten, über deren Lernwirksamkeit die Unterrichtswirklichkeit noch nicht entschieden hat. In einer UNB wäre es daher unangebracht, diese möglicherweise innovative Theorie als alleinigen Maßstab zu setzen (z. B.: „Dieses Gedicht können Sie heutzutage nur noch dekonstruktiv behandeln.")

Wie wäre es daher mit folgender **experimentellen Sichtweise:** Alle Teilnehmer einer UNB sind in Bezug auf das Ideal des guten Unterrichts als unterschiedlich weit fortgeschritten in jenem Annäherungsprozess zu sehen. Sie sollten guten Unterricht also als diskutierbar ansehen und im Blick halten, dass es stets eine Bandbreite seiner Umsetzung gibt.

Gleichwohl begründet diese Unterschiedlichkeit die unterschiedlichen Rollen von LAA und Ausbildern, einschließlich der Aufgabe der Letzteren, auf kontinuierliche Verbesserung des Lehrerhandelns hinzuarbeiten.

Mit dieser Sichtweise und entsprechenden Haltungen des gegenseitigen Respekts wäre für das Gelingen von Nachbesprechungen viel gewonnen.

Im nächsten Abschnitt geht es um die tatsächlich gestellten Anforderungen an die Anwärter beim Erwerb der Kompetenzen für den guten Unterricht.

## 4.1 Qualitätstableaus als Beurteilungsgrundlage von gutem Unterricht

Um das gerne kolportierte Vorurteil, Fachleiterinnen und Fachleiter seien, was die Beurteilung von Unterrichtsbesuchen angeht, „willkürliche Wichtigtuer", wirkungsvoll zu entkräften, halten wir es für wichtig, den Referendaren schon am Anfang der Ausbildungszeit ein Qualitätstableau mit Merkmalen guten

Unterrichts als transparente Beurteilungsgrundlage an die Hand zu geben. Selbstverständlich sollten die nach dem neuesten Stand der Unterrichtsforschung legitimierten Merkmale vor dem ersten Unterrichtsbesuch im Fachseminar ausführlich besprochen werden, auch und vor allen Dingen mit Blick auf diejenigen Kriterien, die – unter fachdidaktischer Perspektive – generell als unverzichtbar für eine gute Stunde im Fach X anzusehen sind.

Die „10 Merkmale für guten Unterricht", die Hilbert Meyer in seinem Standardwerk „Was ist guter Unterricht?" aus dem Jahr 2004 unter Berücksichtigung internationaler Forschungsergebnisse aus den Jahren 1963 bis 2003 als Gütekriterien formuliert und gleichmäßig auf die Ecken und Seiten eines didaktischen Sechsecks verteilt, sind eine gute, seriöse Grundlage für ein Qualitätstableau:

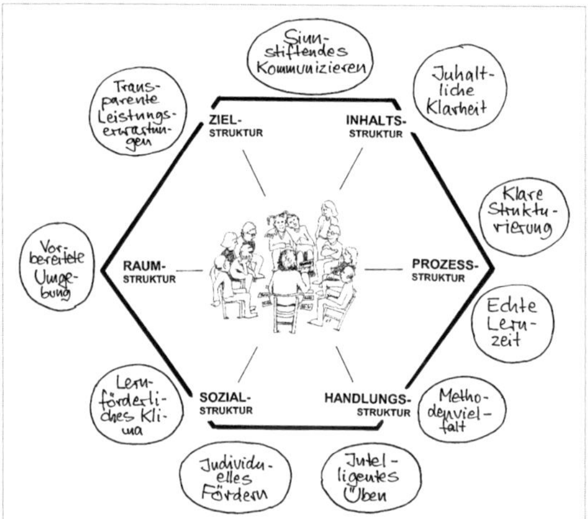


*Didaktisches Sechseck (Aus: Meyer, Was ist guter Unterricht? Cornelsen Verlag, Berlin 2004, S. 25)*

Da diese Anordnung keine Rangfolge[1] erkennen lässt und die Wabenform nur mit den „sechs Dimensionen unterrichtlichen Handelns" (Meyer 2004, 25) begründet wird, lassen sich die Gütekriterien grundsätzlich auch anders darstellen und neu anordnen, zum Beispiel als Checkliste mit den dazugehörigen Indikatoren[2]:

1 In seinen Erläuterungen zeichnet Meyer lediglich die klare Strukturierung bzw. die sinnstiftende Kommunikation als besonders wichtig für den Lernerfolg aus (Meyer 2004, 35 u. 69).

2 Diese „Reflexionshilfe zur Stundennachbesprechung: ‚Bonner Qualitätstableau' für das Fach Philosophie" bekommen die Referendare ab dem dritten Unterrichtsbesuch vorgelegt, dem ersten benoteten.

## Checkliste Gütekriterien für guten Unterricht

- **Inhaltliche Klarheit und Fachlichkeit**
  Fundierter Sachhintergrund, überzeugende didaktische Reduktion, klare und nachvollziehbare Zielformulierungen (mit Indikatorenangabe), eindeutige Problemorientierung, roter Faden im Reihen- und Stundenaufbau, verständliche und bearbeitbare Aufgabenstellungen, ggf. Einführung und Klärung fachsprachlicher Begrifflichkeit

- **Klare Strukturierung**
  Strukturierung des Sachzusammenhangs, Abstimmung von Sach- und Lernlogik, transparente und stimmige Phasierung

- **Lernprogression**
  Auf Schüler abgestimmter gedanklicher Fortschritt (Anknüpfen an deren Lebenswelt, Erfahrungen, Kenntnissen etc.), Fortgang vom Einfachen zum Komplexeren bzw. Konkreten zum Abstrakten, (Zwischen-)Sicherung von Ergebnissen, ggf. diverse Anforderungsbereiche.

- **Sinnstiftendes Kommunizieren**
  Adressatenbezogene und dabei präzise Unterrichtssprache (kein Philologen- oder Pädagogenjargon), flexible Reaktionen auf Schülerbeiträge, Gesprächsführung mit rotem Faden, Förderung der kommunikativen, sachorientierten Interaktion, Vornehmen notwendiger sachlicher und begrifflicher Klärungen, Verdeutlichen des Stellenwerts von Unterrichtsschritten, Schülerbeiträgen etc.

- **Funktionale Methodenvielfalt/ Entwicklung von Methodenkompetenz**
  Abstimmung von Sozialformen bzw. Unterrichtsmethoden und Zielen bzw. Unterrichtsgegenständen, Förderung von methodischen Kompetenzen (z. B. zur selbstständigen Texterschließung, zur Darstellung philosophischer Gedanken, zur Bestimmung von Begriffen)

- **Lernförderliches Klima**
  Aufbau einer intellektuell anregenden Arbeitsatmosphäre (Flow-Prinzip) sowie einer stabilen Arbeitshaltung durch kontinuierliches Einbringen von z. B. Hausaufgaben, verlässliche Regeln und Rituale, Haltung kritischer Toleranz

- **Individuelles Fördern**
  Breite (gedankliche) Beteiligung und Interaktion der Schüler in möglichst vielen Phasen, Aktivierung der Schüler durch eigenständiges Arbeiten, ggf. differenzierende Arbeitsaufträge, Auswahl der Arbeitsmaterialien etc. aufgrund der Diagnose von Schüler-Kompetenzen
- **Intelligentes Üben**
  Einsatz von Transferaufgaben, auch als Hausaufgaben, Sicherung von Lernergebnissen, selbstständige Anwendung erlernter Fachmethoden, z. B. zur Texterschließung, zur Durchführung von Gedankenexperimenten etc.
- **Transparenz und adäquate Leistungserwartungen**
  Offenlegung von Bewertungskriterien anhand der fachspezifischen Kompetenzen (vgl. Lehrplanvorgaben), indirektes/direktes Erteilen von Feedback, Trennung von Lern- und Leistungssituationen
- **Vorbereitete Lernumgebung und intensive Nutzung der Lernzeit**
  Bereitstellung von Medien und Materialien durch Lehrer und Schüler, funktionale Sitzordnung, angemessenes Verhältnis von Unterrichtszeit und Lernertrag, Zeitmanagement
- **Lehrerpersönlichkeit**
  Präsenz, Rollenwahrnehmung, Flexibilität, sprachliches Vorbild, wertschätzender Umgang (Ernstnehmen der Schüler als philosophische Diskussionspartner), atmosphärische Sensibilität, intellektuelle Neugier und Offenheit vorleben (Humor/Selbstdistanz), Begeisterung für das Fach

Die aufgelisteten Indikatoren haben alle ihre sachliche Berechtigung, stellen aber für einen Berufsanfänger wegen ihrer gleichförmigen Präsentation und hohen Informationsdichte eine große Herausforderung dar. Hier muss der Referendar selbst entscheiden, welche Punkte für seine Stunde überhaupt relevant sind.

Ähnlich anspruchsvoll präsentiert sich die tabellarische Auflistung aller sechs für den Lehrerberuf typischen Handlungsfelder, in denen die Lehramtsanwärter insgesamt zehn professionelle Handlungskompetenzen mit Blick auf 48 relevante Handlungssituationen erwerben sollen[3]. Das Kompetenz-Tableau stammt aus dem Zentrum für schulische Lehrerausbildung Engelskirchen. Sie finden es als Kopiervorlage auf den Seiten 40 und 41. Mit Hilfe dieses Tableaus können Referendar und Fachleiter unabhängig voneinander eine Selbst- bzw. Fremdeinschätzung des erreichten Kompetenzstands vornehmen, zum Beispiel mit einer Skala von ★★★ über ★★ bis ★.

Die 40 hier versammelten Kriterien für guten Unterricht – in Verbindung mit den Bewertungsskalen – sollten aber dem Referendar frühestens vor dem dritten Unterrichtsbesuch als Vorbereitungshilfe für die Nachbesprechung zur Selbsteinschätzung seiner bis dahin erworbenen Fähigkeiten an die Hand gegeben werden.

Für die **ersten** Unterrichtsbesuche eignet sich **besser** ein Tableau, das die Gütekriterien für guten Unterricht mit Blick auf die dabei relevanten Handlungssituationen kommunikativ-didaktisch nach bestimmten Hinsichten übersichtlich strukturiert. Die Aspekte der Leistungserziehung, Beratung und Kooperation im Schulleben sind hier bewusst ausgeklammert, da sie in anderen Schulkontexten als der UNB stehen und jeweils an anderem Ort zu erwerben bzw. zu diskutieren sind. Die Kopiervorlage dazu finden Sie auf der Seite 42.

Das Fundament dieses Qualitätstableaus für guten Unterricht bildet die zielführende Kommunikation aller Unterrichtsphasen und -übergänge. Die vier auf ihm ruhenden Säulen versammeln alle für den Unterricht (in allen Fächern) relevanten Handlungssituationen aus den Handlungsfeldern

- Unterricht gestalten und Lernprozesse nachhaltig anlegen,
- Leistungen herausfordern, erfassen, rückmelden, dokumentieren und beurteilen und
- Vielfalt als Herausforderung annehmen und Chancen nutzen

und ordnen sie vier unterschiedlichen Beobachtungsschwerpunkten zu, die der positiven Gestaltung der Lernatmosphäre (Säule 1), der sinnvollen Phasierung und zielführenden Steuerung der Lernprozesse (Säule 2), der individuellen Förderung (Säule 3) und schließlich der nachhaltigen Sicherung des Lernerfolgs (Säule 4) dienen.

3 Die gesetzliche Grundlage dafür ist das „Kerncurriculum für die Ausbildung im Vorbereitungsdienst für Lehrämter in den Zentren für schulpraktische Lehrerausbildung und in den Ausbildungsschulen" des Ministeriums für Schule und Weiterbildung in Nordrhein-Westfalen in der Fassung vom 24.10.2011; hier beispielhaft an der Formatierung des Zentrums für schulpraktische Lehrerausbildung in Engelskirchen verdeutlicht.

# Kopiervorlage

## Kompetenzen der guten Lehrkraft gem. Kerncurriculum[1] in Verbindung mit Merkmalen des guten Unterrichts

**Die Qualität des eigenen Lernens und Lehrens überprüfen**

**Unterricht unter Beachtung fachwissenschaftlicher, fachdidaktischer und pädagogisch-psychologischer Argumente planen**

LEITLINIE **VIELFALT**[2] als Herausforderung annehmen und Chancen nutzen

| Benach teiligungen ekennen, Hilfen realisieren | Individuell unterstützen | Kulturelle und soziale Vielfalt beachten | Lernstand und Lernprogres-sion sorgfältig beobachten und analysieren | Variationen im Aspruchs-niveau bieten | Individuelle Lernangebote und Hilfestel-lungen bereitstellen | Individuelle Lernwege ermöglichen und unterstützen | Jedem Lernenden Könnens-erfahrungen ermöglichen |
|---|---|---|---|---|---|---|---|

| U | E | L | B | S |
|---|---|---|---|---|
| **Unterricht** gestalten und Lernprozesse nach-haltig anlegen | **Erziehung**sauftrag in Schule und Unterricht wahrnehmen | **Leistungen** herausfor-dern, erfassen, rückmelden, dokumen-tieren und beurteilen | **Beratung** der Schüle-rinnen und Schüler | Im System **Schule** mit allen Beteiligten ent-wicklungsorientiert zusammenarbeiten |
| Aufmerksamkeit für das Thema/die Problem-stellung erzielen | Wertschätzung für alle Lernenden zeigen | Lernausgangslagen, För-dermöglichkeiten, Bega-bungen und Schwächen erkennen | Lernzuwachs, -potentia-le, -hindernisse erfassen und analysieren | Mit Belastungen um-ge-hen und sich dafür kol-legiale Unterstüt-zung suchen |
| Unterricht in Sinnzu-sammenhang einbetten, an Vorwissen anschließen | Soziale Beziehungen und Lernprozesse gestalten | Lernmöglichkeiten und -anforderungen abstimmen | Kommunikation und Re-flexion über Lernprozes-se initiieren | Arbeitszeit und -mittel zweckdienlich und öko-nomisch einsetzen |
| Transparenz über das Ziel und die Schritte des Lernprozesses herstellen | Formen des konstruk-tiven Umgangs mit (Norm-)Konflikten einsetzen | Aufgabenstellungen kri-teriengerecht konzipie-ren, adressatenge-recht formulieren | Unterschiedliche Beratungsformen situationsgerecht einset-zen, Beratungs- und Be-urteilungsfunktion unterscheiden | Erfahrungen und Kom-petenzen und deren Entwicklung reflektieren und Konsequenzen ziehen |
| Alle Phasen zielbezogen aufbauen und vernetzen | Zum Lernen anregende Umgebung gestalten | Beratungs- und Beurteilungsfunktion unterscheiden | Mit externen Beratungs-einrichtungen kooperieren | Rückmeldungen nutzen und geben |

**Den Bildungs- und Erziehungsauftrag von Richtlinien und Lehrplänen beachten**



1 Als Orientierungsrahmen dient hier das Kerncurriculum für die Lehrerausbildung im Vorbereitungsdienst in NRW 2021
2 Die Leitlinie Vielfalt soll in allen fünf Handlungsfeldern richtungsweisend wirken. Der Begriff Vielfalt umfasst alle möglichen Ausprägungen von Individualität.

| | | | | |
|---|---|---|---|---|
| Aufgabenstellungen verständlich und inhaltlich klar vermitteln | Lernende zur Formulierung eigener Ideen, Fragen, Lernschwierigkeiten und Lösungswege ermutigen | Bewertungsmodelle und -maßstäbe fach- und situationsgerecht anwenden | | Ergebnisse der Bildungsforschung nutzen |
| Denkprozesse initiieren | Klima der Fehlerfreundlichkeit grundlegen | Sich mit Seminarleitern auf Beurteilungsgrundsätze verständigen | | Kollegiale Beratung praktizieren |
| Lernende im Bereich ihres Leistungslimits aktivieren | Regeln und Rituale verankern | Bewertungen und Beurteilungen adressatengerecht begründen, Perspektiven aufzeigen | | Die eigene Arbeit und ihre Ergebnisse dokumentieren |
| Kooperative Lernformen funktional nutzen | Reibungslose Organisation gewährleisten | Leistungsüberprüfungen als konstruktive Rückmeldungen nutzen | | Sich an der Planung und Umsetzung schulischer Projekte beteiligen |
| Lernprozessfördernde Visualisierungshilfen und Medien einsetzen; konstruktiv mit der KI arbeiten | Ziele in vorgegebener Zeit und mit den vorhandenen Mitteln erreichen | | | Möglichkeiten für Unterstützung und Weiterbildung für Lehrkräfte kennen und nutzen |
| Passende Raumregie führen | | | | |
| **Sinnstiftend, zielführend, adressaten- und sachangemessen kommunizieren** | | | | |

# Kopiervorlage

## Qualitätstableau für guten Unterricht

Die Kompetenzen der **Rahmenvorgabe** für den Vorbereitungsdienst in Studienseminar und Schule erwerben + den Bildungsauftrag von **Richtlinien** und **Lehrplänen** beobachten

| Lernförderliches Klima | Zielgerichtete Aktivierung | Individuelle Förderung | Sicherung des Lernerfolgs |
|---|---|---|---|
| **Wertschätzung** für alle Lernenden zeigen | **Aufmerksamkeit** für Thema und Problemstellung erzielen | **Lernstand** und **Lernprozesse** sorgfältig beobachten und analysieren → Heterogenität | Klare **Leistungserwartungen** formulieren |
| Klima der **Fehlerfreundlichkeit** grundlegen | Unterricht in einen **Reihenzusammenhang** einbetten | Individuelle **Lernwege** mit Variationen im Anspruchsniveau | Einsatz von **Lernstrategien** unter Berücksichtigung des Sprachstands ermöglichen/ anleiten |
| Auf **Unterrichtsstörungen** angemessen reagieren | An **Vorwissen** anschließen | Allen Lernenden angemessene, eigenaktive, zielbezogene **Lernzeiten** ermöglichen | Intelligentes **Üben** ermöglichen |
| Reibungslose **Organisation** gewährleisten | **Phasen** im Sinn der Lernprogression zielbezogen aufbauen und vernetzen; Gelenkstellen organisch moderieren | Lernende zur Formulierung **eigener** Ideen, Fragen, Lernschwierigkeiten und **Lösungswege** ermutigen und so die Denkprozesse fördern: **konstruktive und lebendige Lernatmosphäre** | **Lernzuwachs** nachhaltig sichern, vernetzen und/oder vertiefen |
| Zum Lernen anregende **Umgebung** gestalten | **Aufgabenstellungen** verständlich und inhaltlich klar vermitteln | | **Kommunikation** und **Reflexion** über Lernprozesse initiieren |
| **Regeln** und **Rituale** verankern | **Transparenz** hinsichtlich der Bedeutung der Inhalte, der Ziele und der Schritte des Lernprozesses | Den **Lernzuwachs** optimal fördern | **Leistungskontrollen** durchführen |
| Ziele in vorgegebener **Zeit** und mit vorhandenen **Mitteln** für alle SuS erreichbar | **Kooperative** Lernformen funktional gestalten | AUFGABENSCHWERPUNKTE:<br>▪<br>▪ | |
| Passende **Raumregie** | Lernprozessfördernde **Visualisierungshilfen** und **Medien** funktional einsetzen | | |

**Zielführung** und Phasenübergänge adressaten- und sachangemessen **(konstruktiv) kommunizieren**

Entscheidungen zur **Unterrichtsplanung** (fachlich, didaktisch): Ziele in vorgegebener Zeit für alle Schüler erreichbar? ‡ *Progression* methodisch, *lerngruppenbezogen (Heterogenität)* und entwicklungspsychologisch begründen

Das Tableau wird kontextuiert durch die Vorgaben von Lehrplan (Schule) und Rahmenplan (Seminar) und den Entscheidungen zur Unterrichtsplanung, die der Durchführung einer Stunde immer vorausgehen und mit der Stimmigkeit der methodisch-didaktischen Begründungszusammenhänge entscheidend für den Stundenerfolg sind. Dies gilt vor allem für die Frage, ob die Schüler mit den zur Verfügung gestellten Mitteln in der zur Verfügung stehenden Zeit das klar formulierte Hauptlehrziel der Stunde – mit Hilfe einer zielführenden Problemstellung – auch erreichen können.

Durch die Doppelkodierung werden die Merkmale guten Unterrichts noch deutlicher betont und übersichtlicher dargestellt. In der vorliegenden Form eignet sich das Tableau auch gut zur Dokumentation der Unterrichtsnachbesprechung bzw. als übersichtliche Grundlage für das Schreiben eines Gutachtens.

## 4.2 Die Notwendigkeit didaktischer Reduktion – auch in der Lehrerausbildung

Man sollte das Qualitätstableau auch den Fachlehrern und den Ausbildungsbeauftragten an den Schulen als „didaktischen Leitstern" für die Ausbildung an die Hand geben, damit sie die Referendare auf dieser Grundlage beraten und dadurch optimal auf die Unterrichtsbesuche vorbereiten können.

Vor dem **ersten** Unterrichtsbesuch bzw. einem Unterrichtsbesuch mit rein beratender Funktion sollte man dieses Tableau noch einmal „abspecken" und auf die wesentlichen und von einem Berufsanfänger schon zu bewältigenden Aspekte beschränken, damit er diese für ihn neue und herausfordernde Ausbildungssituation möglichst erfolgreich meistern kann. Diese für den Ausbildungsbeginn reduzierte Form finden Sie ebenfalls als Kopiervorlage auf Seite 44.

Alternativ könnte man mit einem Raster arbeiten – einer „Orientierungshilfe für die beurteilenden Rückmeldungen zu den ersten beiden Unterrichtsbesuchen"[4]. Es konzentriert sich auf zwei zentrale Fragen für das Lehrerhandeln eines Berufsanfängers: die Lehrerrolle bzw. das Lehrer-Schüler-Verhältnis als Fundament jeder Lehr-Lern-Situation und die für den Lernertrag maßgeblich Planungsentscheidungen bzw. die lernförderliche Aktivierung der Schülerinnen und Schüler bei der Durchführung.

Die hier aufgelisteten Anforderungen werden allerdings nicht kategorial verortet und stehen bedeutungsgleich neben- bzw. untereinander (siehe Kopiervorlage Seite 45).

4 Dieses Papier stammt ebenfalls aus dem Philosophieseminar des Zentrums für lehrerpraktische Ausbildung in Bonn.

# Kopiervorlage

## Qualitätstableau für guten Unterricht am Ausbildungsbeginn

Die Kompetenzen der **Rahmenvorgabe** für den Vorbereitungsdienst in Studienseminar und Schule erwerben + den Bildungsauftrag von **Richtlinien** und **Lehrplänen** beobachten

| Lernförderliches Klima | Zielgerichtete Aktivierung | Individuelle Förderung | Sicherung des Lernerfolgs |
|---|---|---|---|
| **Wertschätzung** für alle Lernenden zeigen | **Aufmerksamkeit** für Thema und Problemstellung erzielen | | |
| Klima der **Fehlerfreundlichkeit** grundlegen | | | |
| | An **Vorwissen** anschließen | Allen Lernenden angemessene, eigenaktive, zielbezogene **Lernzeiten** ermöglichen | |
| Reibungslose **Organisation** gewährleisten | **Phasen** im Sinn der Lernprogression zielbezogen aufbauen und vernetzen; Gelenkstellen organisch moderieren | Lernende zur Formulierung **eigener** Ideen, Fragen, Lernschwierigkeiten und **Lösungswege** ermutigen und so die Denkprozesse fördern: **konstruktive und lebendige Lernatmosphäre** | **Lernzuwachs** nachhaltig sichern, vernetzen und/oder vertiefen |
| | **Aufgabenstellungen** verständlich und inhaltlich klar vermitteln | | |
| | **Kooperative** Lernformen funktional gestalten | AUFGABENSCHWERPUNKTE:<br>▪<br>▪ | |
| | Lernprozessfördernde **Visualisierungshilfen** und **Medien** funktional einsetzen | | |

**Zielführung und Phasenübergänge adressaten- und sachangemessen (konstruktiv) kommunizieren**

Entscheidungen zur **Unterrichtsplanung** (fachlich, didaktisch): Ziele in vorgegebener Zeit für alle Schüler erreichbar?
→ *Progression methodisch, lerngruppenbezogen (Heterogenität)* und entwicklungspsychologisch begründen

# Kopiervorlage

## Orientierungshilfe für Rückmeldungen zu den ersten beiden Unterrichtsbesuchen

**Wahrnehmung der Lehrer- bzw. Lehrerinnenrolle:**

- Auftreten vor bzw. in der Lerngruppe
- adressatengerechte Unterrichtssprache (sprachliches Vorbild)
- respektvoller Umgang mit Schülerinnen und Schülern als Personen
- angemessenes Feedback auf Schülerbeiträge zum Unterricht
- Unterstützung der Lernenden in Erarbeitungsphasen
- adäquater Umgang mit Unterrichtsstörungen

**Lernertrag (Lernprogression):**
**Was haben die Schülerinnen und Schüler gelernt?**

**Planung**

**inhaltliche Klarheit/ klare Strukturierung:**

- hinreichend konkrete und fokussierte Zielangabe (mit Indikatoren)
- Aufteilung in didaktische Aspekte des Themas (z. B. Erschließung, Erarbeitung, Auseinandersetzung …)
- schlüssiger Stundenaufbau (erkennbare Problemstellung, intendierte Lernprogression)
- angemessene und transparente Phasierung (z. B. Länge der Einzelphasen)
- klare und verständliche Aufgabenstellungen
- Einbezug von Ergebnissicherung
- sachliche Durchdringung des Unterrichtsgegenstands (u.a. durch Erwartungshorizont für Schülerinnen- und Schülerergebnisse)
- sinnvolle Hausaufgabenstellung (ggf.)
- Differenzierungsentscheidungen (ggf.)

**ab dem zweiten Besuch:**

- kompetenzorientierte Beschreibung (Diagnose) der Lernvoraussetzungen
- nachvollziehbare didaktische Entscheidungen (z. B. didaktische Reduktion, Auswahl der Methode passend zum Gegenstand …)

**Durchführung**

**lernförderliche Aktivierung der Schülerinnen und Schüler:**

- Vorbereitung bzw. Einrichtung der Lernumgebung
- angemessenes Verhältnis von Instruktion und eigenständiger Erarbeitung bzw. Übung
- praktikable Aufgabenstellungen
- breite Beteiligung der Schülerinnen und Schüler
- Transparenz für die Lernenden über das Unterrichtsgeschehen und die an sie gerichteten Erwartungen (sinnstiftendes Kommunizieren)
- angemessener und ggf. weiterführender Umgang mit den Beiträgen der Lernenden zum Unterricht
- der Sache und den Lernenden angemessene Ergebnissicherungen

**Statement (zu Planungsentscheidungen und den die Qualität der Stunde beeinflussenden Aspekten):**

- gegliedert
- argumentativ
- bewertend

## 4.3 Wünsche und Befürchtungen im Vorfeld der Unterrichtsnachbesprechung

Schon im Vorfeld der ersten UNB sollte man sich schnell und einfach mit seinen Referendaren darüber verständigen, welche Erwartungen und Befürchtungen sie an die Nachbesprechung ihres Unterrichts haben. Damit wird man nicht nur den schon 1986 von Hartmut von Hentig formulierten pädagogischen Grundanforderungen gerecht: „Die Menschen stärken, die Sachen klären." – Titel eines Vortrags, den man noch um den Appell: „Die Lernenden motivieren!" ergänzen könnte (Hentig 1986) –, sondern lebt seinen Referendaren selbst eine Haltung vor, die man von ihnen auch ihren Schülern gegenüber erwartet.

Der folgende, bewusst offen angelegte Fragebogen soll als Einladung zu einem Gespräch verwendet werden (Kopiervorlage Seite 47). Die gegebenen Antworten gilt es zu sichten, zu ordnen und zu gewichten. Nach dem zweiten Unterrichtsbesuch aller Referendare sollte man sich dann mit Hilfe eines Evaluationsbogens ein Feedback zu den erfolgten Unterrichtsnachbesprechungen geben lassen. Auch mit diesem Format können die Referendare in ihrem Unterricht konstruktiv ihr eigenes Lehrerhandeln überprüfen.

**Zwischenfazit und Ausblick am Ende dieses Kapitels:**

Bevor wir im übernächsten Kapitel vom idealtypischen Unterricht auf die Ebene des realen, vom Lehramtsanwärter gezeigten Unterrichts wechseln und dort auf konkrete Ausbildungsschwerpunkte, die immer wieder zu Gesprächsanlässen werden, näher eingehen, bedarf es einer Klärung der kommunikativen Qualitäten, die für das Gelingen einer Nachbesprechung verantwortlich sind.

**Tabellarisches Zwischenfazit: Kapitel 4**

| Besondere Herausforderungen in einer Unterrichtsnachbesprechung: | Lösungsansätze: |
|---|---|
| Herstellung von Konsens über die maßgebliche Matrix der Kompetenzen | ▪ Bewusstsein der Divergenzen<br>▪ Hermeneutisches Loblied auf die subjektiven Theorien: guten Unterricht stets als diskutierbar ansehen |

# Kopiervorlage

Name: ______________________

Datum: ______________ Kurs/Klasse: ______________ ______________ SuS

## Fragebogen zur Unterrichtsnachbesprechung *vor* dem Unterrichtsbesuch

Teil 1 (die linke Spalte) ist vom Lehramtsanwärter auszufüllen,
Teil 2 (die rechte Spalte) vom Ausbilder.

| **Teil 1 –<br>vor dem 1. Unterrichtsbesuch** | **Teil 2 –<br>nach dem 2. Unterrichtsbesuch** |
|---|---|
| Ich erwarte, dass … | Machen Sie damit weiter! |
| Ich befürchte, dass …<br>Ich möchte nicht, dass …  | Hören Sie damit auf! |
| Ich wünsche mir, dass …  | Fangen Sie damit an! |

# 5. Unverzichtbare Aspekte der Kommunikationstheorie

## 5.1 Das Menschenbild und das kommunikative Verhalten in der Unterrichtsnachbesprechung

In der UNB, verstanden als Handlungssituation, werden aufgrund ihrer Dynamik sehr unterschiedliche Aussagen- bzw. Sprechakt-Klassen auftauchen: Von berichtend-erzählenden Passagen über beschreibend-klärende Rückmeldungen und diskursiv-erörternde Sequenzen bis hin zu wertenden, beratend-empfehlenden Äußerungen und Vereinbarungen werden Redebeiträge ausgetauscht, die jeweils eigenen Regeln und Voraussetzungen folgen. Entsprechend umfangreich ist das Kommunikationsrepertoire, das für eine gelingende UNB erforderlich ist.

Bisher haben wir an jeder passenden Stelle von der Darstellung der Situationselemente der UNB aus (Akteure, Rahmenbedingungen, Unterricht als Handeln unter Druck und Unterricht als Desiderat nach idealen Standards) verwiesen auf die jeweils von den Teilnehmern zu wünschenden Haltungen.

An die wichtigsten von ihnen soll in diesem Kapitel kurz erinnert werden. Noch nachzutragende Aspekte ergänzen die Skizze der unverzichtbaren Elemente.

Die Haltungen, die wir für die Teilnehmer einer UNB als unverzichtbar erachten, stehen in direktem Bezug zu den Menschenbildannahmen, die Ruth Cohn zur Basis ihres TZI-Konzepts erhebt und die gerade im Blick auf Lernen und Kommunizieren für uns aussagekräftig sind:

- Lernende sind in erster Linie autonome Persönlichkeiten mit natürlicher Wissbegierde und dem Bestreben und Vermögen, sich durch Eigenaktivität und Kreativität Ausdruck zu verschaffen.
- Ihr Lernen unterliegt Entwicklungsprozessen, auf die im Rahmen der bestehenden Möglichkeiten einzugehen ist und deren Eigenart Respekt verdient.
- Jeder Teilnehmer einer Kommunikation verdient den vollen Respekt als Mensch, der zu keinem Zeitpunkt und auf keinerlei Weise einzuschränken ist. Die Wirklichkeit des Menschen „... enthält die Tatsache, dass unsere lebendigen, gefühlsbewegten Körper und Seelen Träger unserer Handlungen und Gedanken sind. Wenn diese Träger wanken, sind unsere Handlungen und Gedanken so unsicher wie ihre Grundlagen." (Cohn 1975 und 1984, 360-362)

Diesen Grundannahmen entsprechen innerhalb der Kommunikation ebenfalls allgemeine Voraussetzungen, die noch vor jeder Spezifikation von Sprechhandlungen liegen: Ganz allgemein wird jedes Gespräch vom gleichzeitigen Vorherrschen von Authentizität der Teilnehmer und ihrem Bemühen um Adäquatheit ihrer Aussagen profitieren. Damit ist eine Art § 1 der Kommunikationsordnung angesprochen, der für Aufrichtigkeit der Äußerungen, Fairness, Sensibilität und grundsätzliches Wohlwollen in Bezug auf die Gesprächspartner und die Belange der speziellen Situation, in der man sich befindet, plädiert (vgl. Schulz-von Thun 1998, 306). Authentizität verbürgt hierbei die innere, Adäquatheit die sachlich-äußere Stimmigkeit der Beiträge der einzelnen Kommunikanten.

Cohns Begriff der „selektiven Offenheit" stellt eine für die Unterrichtsnachbesprechung wichtige Modifikation der Authentizitätsforderung dar: Was geäußert wird, soll authentisch sein; aber nicht alles, was ein Kommunikant denkt oder fühlt, ist als (authentische) Äußerung geeignet (vgl. Cohn 1984, 363). Darüber, was er verlauten lässt, sollte er verantwortlich entscheiden.

Ähnlich lautende und weitere Eckpunkte, hinter die es vor allem bei beratenden Gesprächsanteilen kein Zurück geben darf, finden sich in Gudjons bewährtem Beitrag „Didaktik zum Anfassen" (Gudjons 1998, 235-242).

- Akzeptanz und Wertschätzung bedeuten eine grundsätzlich positive Haltung gegenüber dem Ratsuchenden mit seinem Problem;
- Empathie umfasst alle Bemühungen, den Gesprächspartner, seine Lage und sein Anliegen zu verstehen und dies durch adäquate Signale zu bekunden;
- Freiwilligkeit und Partnerschaft bedeuten den Verzicht auf jegliche Form von Aufdrängen des Beraters bzw. ungerechtfertigter Dominanz (vgl. Lessings Anti-Beispiel im *Nathan*, wo er den christlichen Patriarchen gegenüber dem ratsuchenden Tempelherrn sagen lässt: „Nur ist der Rat auch anzunehmen!").

Diese wenigen Grundsätze ermöglichen für die Praxis bereits eine Vielzahl von „Dos and Don'ts", durch deren Beachtung die Nachbesprechungen erheblich profitieren können, indem durch sie die Störanfälligkeit deutlich gesenkt wird (vgl. Kopiervorlagen Seite 51/52).

Wer Menschen auf ein Problem oder einen Fehler aufmerksam macht/machen will, operiert damit psychologisch und kommunikativ in einem hochsensiblen Bereich. Dies gilt unter Umständen sogar für Lob. Um das Fließgleichgewicht unseres Seelenhaushaltes nach einem Vorwurf, einer Kritik an unserem Verhalten wiederherzustellen, haben wir im Sinne der Autopoesie die natürliche Tendenz, mit Hilfe von verschiedenen Abwehrmechanismen unseren ursprünglichen, wenn vielleicht auch von uns selbst als fragwürdig erkannten Zustand wieder einzurichten. Ja, wir haben sogar die irrationale Tendenz, an einer fehlerhaften (Planungs-)Entscheidung nur deshalb festzuhalten, weil wir schon so viel Zeit in sie investiert haben (= richtig weiterrechnen mit falschen Zahlen) und wir dadurch auch gelernt haben, das Problem zu lieben, ohne eine überzeugende Lösung dafür zu haben.

Einige Referendare geben dies im Laufe einer Unterrichtsnachbesprechung auch manchmal zu („Sie haben recht, das war schon mein Hauptproblem bei der Planung."), obwohl sie genau wissen, dass eine negative Beurteilung ihres Lehrerhandelns sich langfristig auf ihre Note im Endgutachten auswirkt und damit letztlich auch ihre Chance auf eine Einstellung nach dem Referendariat verringern könnte.

**Jede verbale Degradierung vermeiden**

Deshalb erscheint es uns notwendig und selbstverständlich zu sein, den Referendaren in der Kommunikation im Rahmen einer Unterrichtsnachbesprechung stets respektvoll und wohlwollend gegenüberzutreten und jede Form von verbaler Degradierung oder Verletzung, und sei sie auch noch so ironisch oder humorvoll gemeint („Damit haben Sie sich aber voll ins Knie geschossen." – „Jetzt wollen wir mal das Goldtöpfchen über den Referendar ausschütten."), möglichst zu unterlassen und ausschließlich negativ zu verstehende Bewertungen („Ihre Schüler haben ja heute überhaupt nichts dazugelernt.") zugunsten einer wertneutralen Beschreibung zurückzustellen.

# Kopiervorlage

## Checkliste Leitlinien für Rückmeldungen an Referendare

**Teil A:** Soweit es um **feedbackähnliche Aussagen** geht, können Ihnen folgende Regeln dabei helfen, das Gesagte wirksam werden zu lassen:

**0. Ich baue im Vorfeld eine Vertrauensbasis zum LAA auf.**
Sie entscheidet darüber, ob und wie intensiv die im Feedback enthaltenen Sichtweisen und Denkanregungen auch vom LAA aufgenommen werden.

**1. In erster Linie beschreibe ich und beziehe mich auf beobachtete Fakten.**
„Wie die Frage von Schüler Z ganz deutlich zeigte, hat er Ihre Aufgabenstellung noch nicht richtig verstanden bzw. haben Sie diese offensichtlich nicht klar genug formuliert.“ statt: „Sie scheinen selbst nicht genau gewusst zu haben, was die Schüler tun soll – so unsicher, wie Sie an dieser Stelle aufgetreten sind.“

**2. Ich bringe eher die eigene Ansicht zur Sprache als ein Mafia-Interpretationsangebot zu machen.**
„Ich habe die Schüler in dieser Phase eher reagierend als agierend erlebt.“ statt: „Sie haben offensichtlich durch Ihr Verhalten die Schüler in die Defensive gedrängt.“

**3. Ich beziehe mich auf Aspekte, die veränderbar sind und dem LAA auch so erscheinen.**
Persönlichkeitskonstanten wie Nüchternheit, Reserviertheit etc. sind als Gegenstände von Feedback ungeeignet, da sie als destruktiv und übergriffig empfunden werden und zu Blockaden führen können.

**4. Ich gestalte das Feedback bewusst als emotional aufbauend.**

## Checkliste Leitlinien für Rückmeldungen an Referendare

**Teil B:** Die **Beratungs- und Beurteilungspflicht** bringen es mit sich, dass nicht nur feedbackartige Aussagen gemacht werden können. Soweit es um notwendige Sachanalysen, Sondierungen (bezogen auf den aktuellen Kompetenzstand oder auf Verhaltensmuster des LAA), Denkanstöße bzw. Empfehlungen und Vereinbarungen geht, sind folgende Leitlinien hilfreich:

1. **Ich möchte erreichen, dass der LAA Möglichkeiten zur Verbesserung seines Handelns sieht und sie ergreift.**
   Darum steht er im Mittelpunkt der UNB und nicht ein Ausbilder, der ggf. die UNB als Chance zur eigenen Profilierung nutzen möchte.

2. **Ich trage Hinweise auf Schwachstellen oder Fehlerhaftes sachlich vor.**
   Dadurch werden verbale Verletzungen oder Beschämung ebenso ausgeschlossen wie eine nachdrückliche Belehrung. Jeder UNB-Teilnehmer sollte daraufhin seine Sprachgewohnheiten überprüfen und ggf. modifizieren. Es geht hier neben dem guten Ton vor allem darum, emotionale Barrieren für das partnerschaftlich zu gestaltende Ausbildungsverhältnis zu vermeiden bzw. abzubauen.

3. **Ich sehe die Beratung nicht als pädagogische Zwangsmaßnahme nach dem „So-und-nur-so-Prinzip".**
   „So und nur so soll das demnächst aussehen, sonst wirkt sich das ohne Frage negativ auf Ihre Note aus!" Nur der Referendar kann und soll entscheiden, ob er – auf der Grundlage argumentativer Einsicht – sein Lehrerhandeln verändern will.

4. Wenn es offensichtlich für einen Referendar mehr Probleme als Lösungen gibt, werde ich im Sinne Shakespeares (Der Sturm, 2.1) **die Wahrheit mit „etwas Milde" formulieren** und nicht „in die Wunde [hineinstechen|], anstatt sie zu verbinden."

5. In der Konsequenz all dessen **akzeptiere ich die individuellen Eigenarten von LAA solange,** „… wie diese keine deutlich problematischen Ausprägungen aufweisen." Gleichzeitig ermutige ich die LAA, „… bewusst ihre individuellen Stärken zu nutzen und Wege zu finden, so mit ihren Schwächen umzugehen, dass sie möglichst wenig ins Gewicht fallen" (Mayr 2011, 144).

## 5.2 Der Lehramtsanwärter als Subjekt seiner Ausbildung oder: Rettungsversuch für eine Idee

Die Formel vom LAA als „Subjekt seiner Ausbildung" wurde stets ambivalent verwendet: Während sie für die einen als ein hohes Ideal erscheint, mit dem die offiziellen Ausbildungsordnungen ihr freiheitlich-humanistisch geprägtes Menschenbild unterstreichen, ist sie für die anderen Schönfärberei, die vor allem an der Tatsache vorbeisieht, dass zwischen LAA und Ausbildern/Beurteilern grundsätzlich keine Symmetrie in Kommunikation und Interaktion herrschen kann.

Unabhängig von dieser Diskrepanz kann man jedoch der Frage nachgehen, wie und in welchen Bereichen der Nachbesprechung man den Anteil der Subjekthaftigkeit im Sinne von Lernerautonomie der LAA erweitern und betonen kann, so dass der im System verankerte Rollenunterschied möglichst wenig ins Gewicht fällt und keine nennenswerten Beeinträchtigungen für eine entwicklungsbezogene Ausbildung entstehen.

Lehramtsanwärter können ihre Ausbildung in weiten Teilen sehr selbstbestimmt steuern und gestalten (vgl. z. B. Leitbild-Entwürfe in Eingangs- und Perspektivgesprächen, Portfolio, Wahrnehmung persönlicher Ausbildungsinteressen in Coaching-Situationen etc.). Auch in der UNB sollte dafür gesorgt werden, dass sich der Entwicklungsgedanke über das Eingangsstatement hinaus wie ein roter Faden durch alle Abfolgeschritte bemerkbar macht:

- Beitrag in der Positivrunde,
- Mitgestaltung der Tagesordnung,
- Festsetzung von Schwerpunkten,
- Recht auf Erläuterungen bzw. Wiederholung bedeutsamer Aussagen,
- Gelegenheit zu Feedback,
- Entscheidungsfreiheit bei neuen Zielvereinbarungen inklusive der damit zusammenhängenden Festlegung neuer Aufgaben.

Dies alles klingt sehr einfach und unspektakulär. Dennoch ist dieser rote Faden längst nicht die gängige Praxis in allen Unterrichtsnachbesprechungen, teils, weil dem ein anderes Rollenverständnis von Ausbildern entgegensteht, teils einfach aufgrund mangelnder Achtsamkeit, obwohl man es eigentlich besser gelobt hatte.

**Zwischenfazit und Ausblick am Ende dieses Kapitels:**

Im folgenden Kapitel werden alle Strukturelemente der UNB vorgestellt und u. a. auf ihre Brisanz für das Gelingen der Veranstaltung hin betrachtet, bevor sich das Kapitel 7 den Ablaufplänen widmet.

**Tabellarisches Zwischenfazit: Kapitel 5**

| Besondere Herausforderungen in einer Unterrichtsnachbesprechung: | Lösungsansätze: |
|---|---|
| Meistern und Gestalten der Gesprächsdynamik auf diversen Ebenen und mit zahlreichen „Stellgrößen" | Bewusster Bezug auf das Menschenbild und die Grundsätze der Kommunikation: Authentizität etc., Respekt und Bescheidenheit im Umgang miteinander |

# 6. Transparenz schaffen: strukturelle und inhaltliche Faktoren

## 6.1 Vereinbarungen über Struktur, Inhalte und Ziele

**Der Ablauf**

Jetzt rückt die reale Situation der UNB selbst in den Fokus: Die Teilnehmerkonstellation kann so sein, dass man sich gut kennt und in Bezug auf den bevorstehenden Ablauf kein Informationsbedarf und keinerlei Unsicherheiten bestehen. Man wird auf gewohnte Formen zurückgreifen und beginnen. Die Konstellation kann aber auch so sein, dass entweder der LAA selbst oder ein Ausbilder oder Schulvertreter mit den Abläufen nicht genug vertraut ist. Hier gehört es zum guten Ton, dass die routinierten Vertreter nicht einfach – voraussetzungslos – beginnen, sondern ein paar erläuternde Worte verlieren, durch die ein ungleicher Informationsstand zusammen mit etwaigen Spannungen oder gar Beklemmungen zügig und ohne Aufheben beseitigt werden. Man kann auf den Modus hinweisen, der seminarseitig üblich ist, oder fragen, welcher Modus gewünscht wird (vgl. in Kap. 7 und 8 die angebotenen Formen). Fragen nach Protokoll und

Gesprächsleitung stehen meist im Raum. Falls diese sich nicht situativ von selbst beantworten, haben wir in den nächsten beiden Abschnitten hierzu einige Vorschläge.

**Die Protokollfrage**

Grundsätzlich spricht nichts dagegen, den Verlauf einer UNB zu protokollieren. Im Gegenteil, diese Bereitschaft zur seminaröffentlichen Transparenz der Beratung und Beurteilung ist ein deutlicher Beweis dafür, dass man als Fachleiter jederzeit zu seinem Wort steht. Deshalb ist es auch nur folgerichtig und fair, wenn man ein solches Protokoll nach seiner Anfertigung noch einmal gegenlesen und ggf. ergänzen und/oder korrigieren kann.

Wenn ein Referendar den Wunsch nach Protokollierung der UNB äußert, sollte er auch einen gut realisierbaren Vorschlag für den Protokollanten, z. B. ein Mitreferendar, machen. Er nimmt sich dadurch zusätzlich (noch) mehr in die Pflicht, die thematisierten Beratungsaspekte bzw. die sich daraus ergebenden Aufgabenschwerpunkte genau im Blick zu behalten und sie konsequent zu bearbeiten.

Den Verlauf der Nachbesprechung könnte man zum Beispiel mit Hilfe der Kopiervorlage (S. 57) dokumentieren – als Grundlage für ein noch zu schreibendes Ergebnisprotokoll, das prägnant die besprochenen Aspekte der Stunde auf den Punkt bringt.

Wenn es kein offizielles Protokoll gibt, kann sich der Referendar nach Belieben Notizen zum Gesprächsverlauf machen und diese entweder zur schriftlichen Reflexion (Nacharbeit) verwenden oder als Erinnerungsstütze für die weitere Verbesserung seiner Unterrichtstätigkeit.

**Die Gesprächsleitung**

Hier ist eingangs zu unterscheiden, ob die Ordnung für den Vorbereitungsdienst und die Prüfung zum Zweiten Staatsexamen eines Bundeslandes die Frage der Gesprächsleitung verbindlich regelt oder nicht. Aus den Handreichungen von Ministerien und Bezirksregierungen zu diesem Thema geht häufig hervor, dass die Empfehlung ausgesprochen wird, die Gesprächsleitung in die Hände seminarseitiger Ausbilder zu legen (vgl. z. B. Bezirksregierung Düsseldorf, Dezernat 46: Handreichung zur Unterrichtsnachbesprechung, 8.12.2008, S. 4). Auch wird dort nicht freigestellt, dass es sich einfach um eine Moderation handeln darf; im Hintergrund dürfte hier die Argumentation stehen, dass der justiziable Charakter der UNB auch eine verbindlich geregelte Leitung (mit Interessenvertretung der ausbildenden Institution) derselben verlangt.

Falls es hierbei keine Auflagen gibt, sind wir der Auffassung, dass grundsätzlich jeder Gesprächsteilnehmer – auch der Referendar – die Gesprächsleitung der Unterrichtsnachbesprechung übernehmen kann, vor allem wenn es einen vorher (vom Seminar) festgelegten Gesprächsfahrplan gibt. In der Regel wird jedoch der Fachleiter in dieser Funktion tätig werden, weil er mit dieser Aufgabe (auf Grund jahrelanger Erfahrung) am besten vertraut ist, man es von ihm als Seminarausbilder erwartet und/oder er fachdidaktisch die besten Voraussetzungen für eine gezielte Beratung mitbringt. Wenn es Kommunikationsprobleme unter den Teilnehmern gibt, ist er am ehesten gefordert, hier hilfreich zu vermitteln und für den Referendar Partei zu ergreifen, falls Fachlehrer und/oder Ausbildungskoordinator die erbrachten Leistungen des noch auszubildenden Kollegen allzu kritisch sehen.

Name: ____________________

Datum: ____________________ Kurs/Klasse: ____________ ____________ SuS

## Dokumentation für das Protokoll der Unterrichtsnachbesprechung

| Thema: | Beitrag: | Teilnehmer: |
|---|---|---|
| | | |

Wenn im Verlauf einer beobachteten Unterrichtsstunde viele oder massive Probleme auftreten wie z. B. sachlich falsche Instruktionen, Arbeit ohne (klar) erkennbare Problemstellung, schwammig formulierte Aufgabenstellung(en), kein (greifbares) Stundenergebnis, fragwürdige pädagogische Interventionen etc., die in der Nachbesprechung alle zur Sprache kommen (müssen), kann beim Referendar – je nach Frustrationstoleranzschwelle – relativ schnell der Eindruck entstehen, dass alles schief gegangen ist, was sich z. B. in Äußerungen niederschlägt wie: „Die Stunde war dann ja wohl im Teich". Eine mögliche und durchaus verständliche Reaktion darauf könnten Tränen, Verstummen oder eine Trotzreaktion sein.

Folgende Probleme treten bei UNB mehr oder wenig häufig mit den Stundenbeobachtern auf:

- Nicht wenige Fachlehrer und/oder Ausbildungskoordinatoren sehen sich in einer Konkurrenzsituation zu Fachleitern, weil sie sich ihnen (fachlich, didaktisch, pädagogisch) gleichwertig oder überlegen fühlen („Was da so alles im Seminar erzählt wird, davon halte ich gar nichts." – „Die haben ja gar keine Ahnung (mehr), wie es wirklich in der Schule aussieht."). Manchmal wären sie selbst gerne auch in dieser Funktion tätig oder haben noch alte, weiter gepflegte Vorurteile gegenüber der Seminarausbildung. Wer selbst im Referendariat mehr negative als positive Erfahrungen gemacht hat („Die schlimmste Zeit meines Lebens!"), meint vielleicht, sich schützend vor den Referendar stellen zu müssen, mit dem sie ja durchaus ein freundschaftliches Verhältnis entwickelt haben können.
- In den (eher) seltenen Fällen, in denen Schulleiter an einer UNB teilnehmen, kann eine unausgesprochene Machtkampfsituation entstehen, weil alle Beteiligten wissen, dass er der Hausherr ist und seine Meinung sich weitaus gewichtiger in seinem Referendargutachten niederschlägt, und/oder weil Schulleiter im Gegensatz zu Fachleitern bei Examensprüfungen immer den Vorsitz haben.

Falls sich dieses Konfliktpotential in unsachlichen, den Referendar belastenden Äußerungen niederschlägt („Zu der gesehenen Stunde kann ich gar nichts Positives sagen." oder „Bilden Sie so Ihre Referendare aus? Da haben wir hier an unserer Schule aber ganz andere Vorstellungen von gutem Unterricht."), ist der Fachleiter vor allem auf der Beziehungsebene gefordert, das Beratungsgespräch wieder in sachliche Bahnen zu lenken oder kontextsensitiv und respektvoll die Anwesenden an die eigentliche Aufgabe der Unterrichtsnachbesprechung zu erinnern, nämlich die beratende Unterstützung eines noch unerfahrenen Berufsanfängers, die in einer realistisch-positiven Wertschätzung seiner bisher schon entwickelten Fähigkeiten besteht.

Außerdem darf man durchaus an die belastende Prüfungssituation einer solchen Nachbesprechung erinnern. In unserer Beratungspraxis hat oft folgender Vergleich geholfen, das hier Gemeinte zu veranschaulichen: „Unterrichtsbesuche sind wie Fahrstunden, die zu Übungszwecken dienen. Und der Examenstag entspricht im Prinzip der Fahrprüfung. Aber niemand von uns erwartet, dass jemand, der gerade den Führerschein erworben hat, schon ein routinierter Autofahrer ist." Manchmal hilft es auch, die Kollegen daran zu erinnern, dass ein Lehrer mit voller Stelle im Jahr etwa 1000 Schulstunden erteilt und schon nach wenigen Jahren sehr viel Unterrichtserfahrungen gesammelt hat. Deshalb kann und darf man aber die Leistungen eines auszubildenden Kollegen nicht mit diesem Maßstab messen.

Sollte ein Teilnehmer der Unterrichtsnachbesprechung sofort damit beginnen wollen, die Stunde bzw. den Referendar zu kritisieren („Die Stunde hatte ja wohl weder Hand noch Fuß." bzw. „Das war ja wohl nichts."), sollte man als Gesprächsleiter darauf bestehen, erst einmal gemeinsam eine Tagungsordnung zu erstellen und anschließend in erster Linie Beobachtungen zu schildern, Unterrichtsphänomene zu beschreiben und schon einmal erste Deutungsversuche zu wagen und/oder Verbesserungsvorschläge anzubieten.

### Die Zielfestlegung

Dieser Aspekt wird nur in Einzelfällen zur Sprache kommen: Es ist davon auszugehen, dass sowohl der Lehramtsanwärter als auch seine Betreuer und Ausbilder am Tage des Unterrichtsbesuchs wissen, dass es um Festigung und Ausbau der Kompetenzen des Lehrerhandelns geht, zumeist auch konkret, um welche. Je nach Bewusstheit und Konsequenz, mit welcher z. B. kontinuierlich ein Portfolio geführt wird oder aber für diesen Unterrichtsbesuch ein bestimmtes Anliegen definiert wurde (z. B. „Heute wird bewusst mit bestimmten Moderationsmethoden experimentiert." oder: „Heute wollten Sie versuchen, der Lerngruppe bewusst mehr Eigenverantwortung zu übertragen"), kann es jedoch sein, dass schon zu Beginn einer UNB diese bestimmte Lernumgebung, die den Anwärter in der gegenwärtigen Situation kennzeichnet, Erwähnung findet. Denkbar ist aber auch, dass über das besondere Ziel zu einem späteren Zeitpunkt in der UNB gesprochen wird.

## 6.2 Strukturelle Elemente in der Einzeldiskussion

Dieses Unterkapitel klopft alle Ablaufschritte, die im Kapitel 7 in den „Fahrplänen" zur UNB vorkommen, vorab auf Diskussionswürdiges hin ab, um das „Fahrplan-Kapitel" zu entlasten.

**Das Eingangsstatement des Referendars**

Das hier auf S. 61 vorgestellte Orientierungsraster[1] für das Eingangsstatement hat eine doppelte Funktion: Es soll dem Referendar helfen, sich schon bei der Planung der Stunde die didaktisch relevanten Punkte der Nachbesprechung zu vergegenwärtigen. Er kann es bei der Vorbereitung seines Statements als Gliederungshilfe und mit Stichworten für seine Stundenreflexion verwenden. Dafür hat er – wie später auch in der Examensprüfung – nur relativ wenig Zeit, um mit professionell geschultem Blick die „neuralgischen" Situationen seiner Stunde wie mit Röntgenaugen bzw. aus der Vogelperspektive so zu fokussieren, dass deutlich wird, dass er auch schon als Berufsanfänger über eine klar erkennbare Reflexionskompetenz als unverzichtbare Grundlage für das lebenslange Lehrerlernen verfügt.

Damit der Referendar sich bei seinem Eingangsstatement (= Prolog) nicht im Narrativen bzw. der bloßen Paraphrase verliert, empfiehlt sich nicht nur eine klar kommunizierte Strukturierung der Stellungnahme (Einleitung/Hauptlehrziel → Hauptteil/Stundenverlauf → Schluss/Alternative/n), sondern vor allem auch das reflexive Abarbeiten der kommunikationsdidaktischen Eckpunkte des Unterrichts:

- das kommunikative Verhalten der Schülerinnen und Schüler,
- die Quantität und Qualität ihrer Beiträge,
- das Lehrerhandeln unter den Perspektiven Moderation und Organisation,
- der Stundenverlauf mit den – schwarz markierten – Gelenkstellen des hier beispielhaft verwendeten Bonbon-Phasierungs-Modells[2] und den Kriterien: Motivation, Arbeitsaufträge und Lernprogression.

1 Es deckt genau die Vorgaben des Prüfungsamtes NRW für das Zweite Staatsexamen für die Anlage des Gesprächs nach den einzelnen Stunden ab. Sie lauten: „Erwartet wird eine strukturierte Darstellung, die Schwerpunkte in den Ausführungen setzt, nicht die Aussagen des schriftlichen Unterrichtsentwurfs wiederholt, die Genauigkeit der Selbstbeobachtung spiegelt, Gelungenes und weniger Gelungenes differenziert und ggf. Alternativen und Perspektiven aufzeigt." – Landesprüfungsamt (LPA), Hinweise für Prüferinnen und Prüfer, Seite 16 im Download-PDF von 2016. Auf der Internetseite des LPA finden Sie die immer aktuellsten „Hinweise für Prüferinnen und Prüfer" über die Suchfunktion.

2 Das von Rolf Sistermann entwickelte Bonbon-Phasierungs-Modell bildet sowohl lernpsychologische Erkenntnisse als auch problemorientierte didaktische Anforderungen ab, indem die Hinführungsphase (H) zu einer klar formulierten Problemstellung der Stunde (P) führt, die die Schüler zunächst selbstständig/intuitiv (IP) und dann angeleitet/kontrolliert (KP) beantworten. Das Ergebnis wird anschließend als Antwort auf die Problemfrage gesichert (S) und in einer Transferphase (T) neu problematisiert, angewendet oder vertieft. (Sistermann/Wittschier 2015).

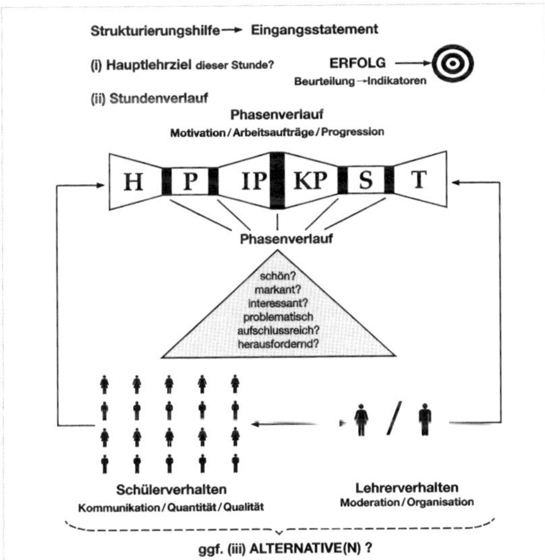


*Orientierungsraster für das Eingangsstatement mit dem Bonbon-Phasierungs-Modell für guten Unterricht*

**Die Positivrunde**

Die meisten uns bekannten Praktiken für eine UNB fahren nach dem Statement des LAA, dessen Anfangsposition unbestritten zu sein scheint, unmittelbar mit einer sogenannten Positivrunde fort. Diese verbindet sich mit dem Ziel, dem LAA früh den Rücken und damit auch seine Bereitschaft zu stärken, sich den verbesserungswürdigen Bereichen aufgeschlossen zuzuwenden. Eine problematische Situation kann hierbei entstehen, wenn der LAA den Eindruck gewinnt, dass diese Runde nur eine Art Alibi-Funktion hat, sich nicht wirklich Zeit nimmt für das real Erreichte, sondern nur den Weg zum Hauptgeschäft ebnen soll: der Darlegung von Schwächen und Mängeln.

Hier erinnern wir an die Authentizitätsregel im Sinne Cohns und den Geist der modernen Lehrerausbildung, der auf Ressourcenorientierung und Ressourcenausbau setzt.

Manchmal erleben Referendare diese Positivrunde unmittelbar nach dem Eingangsstatement insofern als widersprüchlich, als dass sie von den Stundenbeobachtern keine direkte Antwort/Reaktion auf die von ihnen thematisierten Knackpunkte oder Baustellen bekommen. Außerdem fragen sie sich, warum sie für etwas gelobt werden, was entweder selbstverständlich ist oder von ihnen dem Referendar die Positivrunde ¬– nach dem Motto: Das Beste kommt immer zuletzt! – auch am Ende der Nachbesprechung (vor dem Epilog) platzieren und damit lernpsychologisch der Erfahrungstatsache gerecht werden, dass das zuletzt Gesagte immer am stärksten in Erinnerung bleibt, was aber nicht dazu führen sollte, dass die verbesserungswürdigen Aspekte des Lehrerhandelns darüber vergessen werden. Sätze wie: „Also ich habe in dieser Stunde nichts Positives wahrgenommen." dürften dann wohl aus dem Repertoire der Teilnehmer einer UNB verbannt werden (vgl. hier Kap. 7.2).

**Das Aufstellen der Tagesordnung**

Diese Phase der UNB ist für den LAA besonders spannend, denn er hört nach dem Positiv-Feedback nun auch Punkte, die eine Besprechung nach sich ziehen, mit denen es also – im Positiven wie im Negativen – eine besondere Bewandtnis haben kann. Die meisten Formate sehen vor, dass alle Teilnehmer hierzu Aspekte, die ihnen wichtig erscheinen, vorschlagen. Unterschiede gibt es verständlicherweise bei der Art, wie aus der Liste der Vorschläge die tatsächliche Tagesordnung gewonnen wird und wie umfangreich diese sein sollte: Der Idee der Beratung von autonomen Lernern am nächsten kommt das Verfahren, den LAA wählen zu lassen (Inhalte und Reihenfolge); hierbei vertraut man mit einer gewissen Berechtigung dem konstruktiven Charakter der Wechselseitigkeit von Selbstregulierung und Fremdsicht. Sollte die Rolle des Gesprächsleiters jedoch offiziell auch die Federführung bei diesem Punkt vorsehen, so ist dies hinzunehmen und kann durch besondere Aufmerksamkeit aller Teilnehmer für ein faires Vorgehen und ein sinnvolles Pensum kompensiert werden.

**Die Durchführung**

Dieser Part bedarf keines besonderen Kommentars, da die Besprechung der Punkte nicht abstrakt vorgenommen werden kann. Über die Kommunikationsweise ist hingegen das meiste schon gesagt. Wie schon im Unterricht sollte die Gesprächsleitung den gelegentlichen Blick auf die Uhr nicht vergessen, da es sonst zu unguten Abschlüssen (Auflösen der Gruppe durch separates Verabschieden etc.) kommen kann.

**Die Zusammenfassung und Gewichtung der Besprechung**

Dieser Teil ist für den LAA von großer Bedeutung: Gerade nach hitzigem Verlauf der Beratung kann es sein, dass in seinem Kopf viele Stimmen durcheinander schwirren, ohne dass klar wäre, was sie in toto mit Blick auf die gezeigte Leistung bedeuten. Es wäre unverantwortlich, ihn in diesem Zustand zurückzulassen. Wenn eine Stunde oder länger verhandelt wurde, kann er schon allein wegen dieser Zeitspanne den Eindruck haben, seine Stunde komme in der Bewertung nicht gut weg.

War das Gespräch zudem noch von Sachdiskussion gekennzeichnet (didaktische Kontroverse bzw. fachwissenschaftlicher Disput) kann sich die Unsicherheit noch einmal potenzieren. Der berufene Ausbilder sollte hier die eventuell divergierenden Aspekte des zurückliegenden Gesprächs bündeln, nachdem er sie stimmig gemacht hat. Sollten Unstimmigkeiten im Raum stehen bleiben, die der LAA nicht zu verantworten hat (unvereinbare Ansichten der Teilnehmer zu Sachaspekten), so sollte auch das beim Namen genannt werden, um den LAA bezüglich seiner Leistungseinschätzung zu entlasten.

### Die Vereinbarung neuer Arbeitsziele

Dieser Part ist sowohl vor als auch nach der gewichtenden Zusammenfassung der UNB durch einen Ausbilder möglich und sinnvoll. Platziert man die neuen Arbeitsziele vorher, können sie in der Zusammenfassung erneut auftreten und sich im Gedächtnis besser verankern. Platziert man sie nachher, könnte dies deshalb von Vorteil sein, weil der LAA die Auseinandersetzung um die gezeigte Stunde als abgeschlossen erlebt und sich neuen Aufgaben konzentrierter zuwenden kann.

### Die Metakommunikation

Sie kommt in der Regel nur zum Zug, wenn man insgesamt in der Runde die Zeitplanung eingehalten hat. Ansonsten streben die Teilnehmer häufig eilig auseinander, wenn das letzte Wort der Vereinbarungen gesprochen ist. Sie wäre demnach ein Zeichen für eine besonnene Gesamtplanung und -durchführung. Inhaltlich gesehen sollte schon aus dem Grund nicht darauf verzichtet werden, weil sie ein Instrument der Sicherung für gute Atmosphäre und Effizienz darstellt. Will man eine ideologieverdächtige Vokabel riskieren, könnte man hoffen, dass sie ein Mosaikstein innerhalb der Bemühungen um den immer noch anzustrebenden „herrschaftsfreien Dialog“ sein kann.

### Die Nachbereitung der UNB

Nicht wenige Fachleiter/-innen verlangen von ihren Referendaren, dass sie die Nachbesprechung zu Hause noch einmal schriftlich nachbereiten und zentrale Aspekte mit eigenen Worten zusammenfassen. Ein solches Ergebnisprotokoll hat grundsätzlich seine Berechtigung, denn es liefert dem Fachleiter eine gute diagnostische Grundlage des Referendars, und es bietet dem LAA die Möglichkeit, seine Reflexionskompetenz noch einmal schriftlich unter Beweis zu stellen.

Gleichwohl sollte man unserer Meinung nach niemanden dazu zwingen, vor allem wenn man im Laufe der Nachbesprechung schon gemeinsam die wichtigsten Aufgabenschwerpunkte für die weitere Planungs- und Unterrichtsarbeit formuliert hat.

**Mögliche Aufgabenschwerpunkte für die Weiterarbeit nach der UNB**
In unserer langjährigen Fachleitertätigkeit haben sich sehr oft folgende Aufgabenschwerpunkte für die Optimierung der Lehrerkompetenzen im Handlungsfeld Unterrichten als Ergebnis der UNB ergeben, zu denen wir hier konkrete Tipps/Hilfsangebote vorstellen wollen.

***Didaktische Reduktion:*** Erst im Laufe der Zeit mit dem wachsenden Gespür für das Unterrichtsmögliche können Lehrerprofis sehen und sagen, welche Stoffmengen Schüler in einer Unterrichtsstunde angemessen und ergebnisreich bearbeiten können. Anfänger neigen inhaltlich wie methodisch immer wieder dazu, den Schülern zu viel des Guten zuzumuten bzw. ihre mit viel Liebe zum Detail und mit großem zeitlichen Aufwand entwickelten Lernarrangements zu komplex bzw. umfangreich zu gestalten. Hier helfen hoffentlich einige Grundsätze für die didaktische Reduktion[3] weiter und/oder der handfeste Tipp, dass theoretische Texte, die in einer 45-Minuten-Stunde genau und vollständig analysiert (Schlüsselbegriffe und Argumentationsstruktur) werden sollen, nicht länger sein sollten, als eine Hand breit ist.

Die Beachtung folgender Kriterien führt zu einer **sinnvollen didaktischen Reduktion** (womit die Assimilierung des Lernstoffs an die Bedürfnisse der Lernenden gemeint ist):

**Vertikale Ebene:**

- Möglichst wenige, in sich abgeschlossene, klar erkennbare, zentrale Aussagen
- Anschauliche, Gedanken anregende Argumentation

3 vgl. dazu auch: Martin Lehner: Didaktische Reduktion 2012

**Horizontale Ebene:**

- Beispiele (nicht zu viele)
- Verständliche Diktion für die Lerngruppe/Altersstufe, ggf. adäquate Transmitter (Worterklärungen, Bilder usw.) einsetzen
- Keine Redundanzen
- Möglichst keine Metakognition

***Gelenkstellen formulieren:*** Das geschmeidige Formulieren von Gelenkstellen zwischen den einzelnen Unterrichtsphasen fällt Berufsanfängern verständlicherweise (noch) schwer. Sie arbeiten in ihrer Sprachnot oft mit dem Prinzip des „harten Schnitts" („Ich habe euch ein paar Blätter mitgebracht."), können aber dadurch ihren Schülern nicht transparent kommunizieren, welche Funktion die nächste Lernphase hat. Hier können bewährte Formulierungen[4] zum Üben weiterhelfen, um diese Standardsituationen in Zukunft besser zu meistern.

Auf Seite 66 finden Sie eine entsprechende Kopiervorlage, die individuell ergänzt werden kann.

4 Noch mehr Formulierungen dieser Art finden sich in Wittschier 2012, S. 29, 83, 108, 119.

# Kopiervorlage

## Formulierungshilfen für Gelenkstellen

**Hinführung:**
Was fällt euch dazu ein?
Was sagen die anderen dazu?
Hat jemand noch eine andere Idee?
Welche Frage/welches Problem stellt sich dadurch für euch?

**Selbstständige Problemlösung:**
Wie ist das genau zu verstehen?
Könnte man das auch anders sehen?
Spricht etwas dagegen?
Wie könnte man das vorläufig zusammenfassen?

**Angeleitete Problemlösung:**
Wie könnte man das argumentativ begründen?
Wo müssten wir das einordnen?
Was folgt letztendlich daraus?
Und was wäre das Ergebnis?

**Sicherung:**
Wie könnte man das bisher Gesagte mit einem Satz zusammenfassen?
Möchte noch jemand etwas ergänzen?
Und wie sieht das im Vergleich zu … aus?
Welche neue Frage stellt sich jetzt?

Konstruktiv mit dem Phänomen der Heterogenität in einer Lerngruppe umgehen zu können, ist inzwischen für jede Schulform zu einer echten Herausforderung geworden. Und da man erwartet, dass auch Berufsanfänger im ersten Lern-/Lehrjahr das Problem nicht nur (er-)kennen, sondern sich ihm auch mit sichtbarem Erfolg stellen, kann – je nach Zusammensetzung der Lerngruppe – das Entwickeln von Aufgabentypen mit unterschiedlichem Niveau zu einer vordringlichen Lernaufgabe werden.

Für die Binnendifferenzierung gibt es sowohl in qualitativer wie in quantitativer Hinsicht eine Reihe von universell anwendbaren Prinzipien:

In **quantitativer** Hinsicht kann man in jedem Unterrichtsfach den zu bearbeitenden Stoff mehr oder weniger umfangreich gestalten:

- von der Analyse eines Abschnitts bis hin zur Interpretation eines ganzen Textes;
- vom Abzeichnen zum Vergrößern mit dem Rasterverfahren bis hin zum Freihandzeichnen;
- vom Auffinden von Schlüsselwörtern bis hin zum Konstruieren eines Begriffsnetzes;
- von der Analyse von einfachen Hauptsätzen bis hin zur kategorialen Bestimmung von komplexen Satzgefügen;
- vom Erzählen mit Bildern über das Fortsetzen eines Erzählanfangs bis hin zum selbstständigen Entwickeln eines Erzählplans;
- von der Bruchrechnung mit Kuchenstücken bis hin zur Lösung von Dezimalbrüchen.

In **qualitativer** Hinsicht lassen sich Aufgaben ...

- auf einem niedrigen Anspruchsniveau (Reproduktion, Übersetzung, Analyse ...), einem mittleren Niveau (Vergleich, Anwendung, Einordnung, ...) oder einem hohen Anspruchsniveau (Reflexion, Transfer, Bewertung, ...) formulieren.
- medial mehr oder weniger herausfordernd stellen, indem man den Schülern
  - zum Beispiel Worterklärungen anbietet,
  - Vokabeln oder Formeln vorgibt,
  - den ersten Gedanken- bzw. Argumentationsschritt eines Textes „verrät",
  - hilfreiche Zusatzfragen stellt,
  - Inspirationshilfen, zum Beispiel in Form von zentralen Begriffen, anbietet,
  - Beispiele, Analogiefälle oder eine Musterlösung zur Verfügung stellt.

***Zeitmanagement und Ergebnissicherung:*** Die am häufigsten geäußerte Stellungnahme von Referendaren in ihren Statements lautet: „Am Ende ist mir (wieder einmal) die Zeit davongelaufen. Ich konnte deshalb keine Ergebnissicherung mehr vornehmen, arbeite das aber auf jeden Fall in der nächsten Stunde auf."

Diesem Problem kann man schon in der Planung entgegenwirken, wenn man sich für eine Unterrichtsstunde nicht zu viel vornimmt, d. h. didaktisch klug reduziert, eine komplexe Aufgabenstellung (mit ein bis zwei Kontrollgruppen) arbeitsteilig erarbeiten lässt, die Problemstellung der Stunde ggf. vorgibt und ihre Relevanz mit den Schülern erörtert, anstatt sie mit Hilfe eines nicht zielführenden Impulses langwierig und mühsam (mit Hilfe von Suggestivfragen) zu entwickeln.

In der Stunde sollte man mit einem klar kommunizierten Zeitplan arbeiten, ohne die Schüler deshalb durch die Stunde zu hetzen, und sich so mindestens 10 bis 12 Minuten für die Ergebnissicherung und Vertiefung der erarbeiteten Ergebnisse reservieren.

Gleichwohl kann es vorkommen, dass man die verstrichene Unterrichtszeit (etwas) aus den Augen verliert oder den Schülern, weil sie so freundlich bitten, noch mehr Bearbeitungszeit zugesteht. Es kann immer etwas Unvorhergesehenes passieren (Schülerhandy klingelt, Streit unter Schülern, Unterbrechung der Stunde wegen einer Durchsage) oder man hat für das Stundenende eine falsche Zeitangabe im Kopf, so dass am Ende nur wenig Zeit zum Sichern und Abschreiben bleibt.

Trotzdem kann man eine solche Stunde immer noch mit einem vorläufigen Stundenresultat beenden und durch eine – noch so rudimentäre Beantwortung der Problemfrage – die Stunde mit folgenden Methoden[5] abrunden.

5 Vgl. dazu auch: Wittschier 2012, 146 f.

## Kopiervorlage

### Zeitmanagement und Sicherung in den letzten Unterrichtsminuten

| | |
|---|---|
| Noch sechs bis acht Minuten<br> | Die Schüler haben genug Zeit, um das vorläufige (Zwischen-)Ergebnis ins Heft zu übertragen und in Partnerarbeit Ideen für ein Begriffsnetz oder eine Definition zu entwickeln.<br><br>Der Transfer geschieht als Hausaufgabe oder, falls das nicht möglich ist, als Gegenstand der Hinführungsphase der nächsten Stunde. |
| Noch drei bis fünf Minuten<br>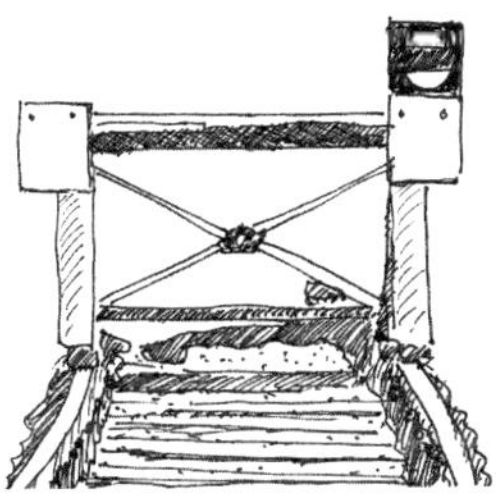 | Die Schüler übertragen das vorläufige (Zwischen-)Ergebnis ins Heft und entwickeln zu Hause oder zu Beginn der nächsten Stunde Ideen für ein Begriffsnetz oder eine Definition.<br><br>Die Aufgabe der Transferphase wird zur neuen Problemstellung der nächsten Stunde. |
| Noch ein bis zwei Minuten<br> | Die Schüler halten sich das vorläufige (Zwischen-)Ergebnis mit ihrem Smartphone fest und übertragen es zu Hause oder zu Beginn der nächsten Stunde in ihr Heft. |

**Lehrerlokomotionen visualisieren**

Um Referendaren ihr verbesserungswürdiges Auftreten im Klassenraum zu spiegeln und darüber in ein fruchtbares Reflexionsgespräch zu kommen, kann es hilfreich sein, die im Unterricht beobachteten und von Rainer Winkel kategorisierten Lehrerbewegungen oder „-Lokomotionen"[6] (Türsteher, Tafelständer, Heizungswärmer, Stuhlhocker, Tischableger, Gassenläufer, Rumflitzer und Siebenkämpfer) in bestimmten Klassenzimmerkorridoren (Bühne, Laufsteg und Fluchtweg) (Winkel 1997, 265 und 271) im Laufe der Unterrichtsnachbesprechung „in effegie", d. h. mit Hilfe von Spielfiguren, nachzustellen. Dazu eignen sich Püppchen jeder Art, z. B. Plastikmännchen oder Spielfiguren. Die Tische, an denen die Minischüler sitzen, lassen sich leicht und einfach mit Karteikärtchen darstellen. Die folgenden Bildbeispiele illustrieren drei Grundprobleme des Classroom-Managements.

1. Der Unterrichtende geht unnötig weit auf Distanz zu seinen Schülern. Dadurch wird es schwierig, ein gemeinsames, intensives Erarbeitungsgespräch zu führen. Das Problem vergrößert sich immer dann, wenn die Schüler nicht in Tafelnähe, sondern am Ende des Raumes sitzen.

2. Wenn die Schüler wie im Flugzeug in Reihen hintereinander sitzen, kann man sie so sehr gut frontal beschulen, fördert aber dadurch bei den Schülern den Eindruck, dass es im Unterricht vor allem um den Lehrer geht, der passende Antworten hören will. Kommunikativ betrachtet ist es äußerst ungünstig, wenn sich Schüler im Unterrichtsgespräch nicht ansehen können. Für solche

6 Vgl. dazu auch das Kapitel 7.1 Raumregie, in: Wittschier 2012, 140-143.

Phasen sollte man die Sitzordnung ändern (Hufeisen) oder zum Beispiel einen Stuhlkreis bilden.

3. Wenn sich Schüler zu viert an zwei Tische setzen, können sie so gut als Gruppe zusammenarbeiten, aber die Hälfte von ihnen kehrt dem Unterrichtenden immer den Rücken zu, wenn er Arbeitsaufträge formuliert oder ein Plenumsgespräch führen will, vorausgesetzt, die Tische stehen diagonal im Raum.

## 6.3 Unterrichtsnachbesprechungen trainieren: das Micro-Teaching als Simulation

Unterrichtsstunden mit anschließender Nachbesprechung kann man zu Übungszwecken auch im geschützten Seminarraum als sogenanntes Micro-Teaching (Wahl 2006, 226 f.) üben. Auch in 30 Minuten lassen sich alle Unterrichtsphasen (Hinführung → Problemstellung → Erarbeitung/Problemlösung → Sicherung → Transfer) realitätsnah abbilden, wenn der zu bearbeitende Gegenstand didaktisch so reduziert wird, dass die Mitreferendare in der Rolle der Schüler diesen in circa 10 bis 15 Minuten ergebnisreich bearbeiten können. Ein typischer Ablaufplan eines Micro-Teachings sollte nach Wahl (2006, 228 ff.) so aussehen, wie es auf der Kopiervorlage (S. 73) dargestellt ist.

Die zum Einsatz kommende Evaluationsmatrix kennen die Unterrichtenden schon vor ihrer Ministunde und können sich deshalb auch planerisch darauf effektiv vorbereiten. Sie strukturiert außerdem die Feedbackarbeit (jeweils zwei bis drei Referendare übernehmen jeweils einen der Schwerpunkte) und sorgt durch eine einfache, vierteilige Bewertungsskala dafür, dass sich die Referendare in der Beraterrolle zielführend und klar zu einem bestimmten Kriterium positionieren und herausgefordert werden, ihre Beurteilung kompetenz- und standardbezogen kurz zu begründen (Kopiervorlage dazu S. 75).

Dass man im Rahmen eines Micro-Teachings auch gut die Vorstellung fachaffiner Methoden integrieren kann, soll hier nur am Rande erwähnt werden.

Entscheidend ist in diesem Zusammenhang die Tatsache, dass sich die Referendare außerhalb einer Bewertungszone im Rahmen einer (reinen) Lernsituation als Lerngruppe sowohl in der Rolle von Schülern als auch von fairen Unterrichtsbeobachtern erleben, die sich Kriterien geleitet zu den Stärken und Schwächen einer Unterrichtsstunde äußern und dabei durch den Wechsel der Rollenperspektive (Referendare werden zu Quasi-Fachleitern) selbst erfahren, dass die Unterrichtsnachbesprechung schwierig, aber notwendig ist, um dem eigenen Lehrerhandeln neue Impulse für guten Unterricht zu geben.

Alternativ zum Micro-Teaching kann man im Fachseminar mit Hilfe der Evaluationsmatrix gemeinsam die Videoaufzeichnung einer Unterrichtsstunde eines Referendars nachbesprechen.

# Kopiervorlage

## Micro-Teaching: Ablauf

| | | |
|---|---|---|
| **1. Metakommunikative Einführung** | 5 min | Der Referendar, der die Ministunde hält (= Lehrer), gibt Antwort auf folgende Fragen:<br>▪ In welchem Zusammenhang steht der gewählte Ausschnitt?<br>▪ Wer sind die Adressaten?<br>▪ Welche Vorkenntnisse haben sie?<br>▪ Was ist das nächste Thema? |
| **2. Micro-Teaching** | max. 30 min | Aussagen auf der Metaebene sind verboten (z. B. „Hier würde ich jetzt ein Partner-Puzzle machen.“)<br>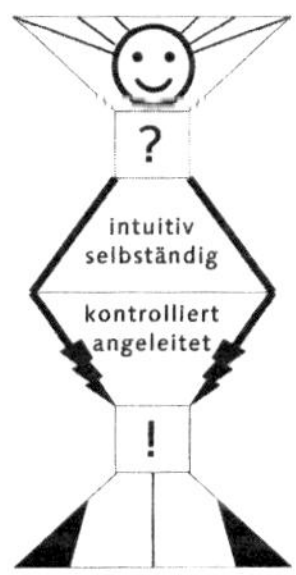<br> |
| **3. Feedback zur Lehreinheit (insg. max. 20 min)** | | |
| a. Vergewisserung | 1 min | Die Mitreferendare (= Schüler) diskutieren paarweise die Punkte der folgenden Feedbackmatrix.<br>Der „Lehrer“ reflektiert zeitgleich mit dem Fachleiter den Stundenverlauf. |
| b. Stellungnahme der trainierenden Person | 1 min | Der „Lehrer“ gibt ein kurzes Statement ab, z. B. über Diskrepanzen zwischen Planung und Verlauf. |

## Micro-Teaching: Ablauf

| | | |
|---|---|---|
| c. Feedback | 10 min | Die „Schüler“ geben zu den Punkten Rückmeldungen auf der Skala von ++ bis – – an. Der „Lehrer“ hört nur aufmerksam zu (keine Rechtfertigungen!). |
| d. Stellungnahme der trainierenden Person | 1 min | Der „Lehrer“ kann (!) hier kurz etwas zu neu gewonnenen Einsichten bzw. ihrer momentanen Befindlichkeit sagen. |
| e. Transferorientiertes Schlusswort | 3 min | Der Fachleiter fasst die wichtigsten Erkenntnisse aus der Besprechung zusammen. Daraus entwickelt er eine Anregung für den „Lehrer“.<br>Diese bezieht sich auf eine mögliche Vorsatzbildung für die nächste Transferphase.<br><br>Der „Lehrer“ hört sich den Vorschlag an, nimmt jedoch keine Stellung dazu. Wie er mit der Anregung umgeht, soll er in Ruhe entscheiden. |

| Anmerkungen: |
|---|
| |

# Kopiervorlage

Name: ______________________

Datum: ______________ Kurs/Klasse: ______________ ________ SuS

## Micro-Teaching: Evaluationsmatrix

| | ++ | + | – | –– |
|---|---|---|---|---|
| **1. Hinführungsphase** | | | | |
| Anfangsimpuls problemeröffnend und zielführend | | | | |
| Passende Beispiele | | | | |
| Raum für eigene Gedanken | | | | |
| Sachverhalt am Phasenende auf den Punkt gebracht: klare und deutliche Problemstellung | | | | |
| ggf. Transparenz über das weitere Vorgehen | | | | |
| ggf. Vernetzung mit dem bisher Erarbeiteten | | | | |
| **2. Aufgabenstellung** | | | | |
| Aufgabenstellung sachlogisch passend zur Problemstellung | | | | |
| Aufgabe(n)/Methode verständlich erklärt | | | | |
| Chance für Rückfragen | | | | |
| Gelenkstelle gut organisiert (Materialien lagen bereit, kein Zeitverlust) | | | | |
| **3. Erarbeitungsphase** | | | | |
| Aufgabe schüleradäquat und lernmotivierend gestaltet | | | | |
| Gewählte Methode(n) effektiv für das Stundenziel | | | | |
| Gewählte Sozialform passend zur Methode | | | | |
| Aufgabe in vorgegebener Zeit lösbar | | | | |
| Nur bei zwingendem Grund in die Schülerarbeit eingegriffen | | | | |
| **4. Ergebnissicherung/Transfer** | | | | |
| Gelegenheit zu Äußerungen der Schüler (Ergebnisse präsentieren, Fragen stellen) | | | | |
| Angemessen auf Schüleräußerungen eingegangen | | | | |
| Klare und deutliche Ergebnissicherung | | | | |
| Sinnvoller Transfer (Hausaufgabe) | | | | |
| **5. Moderation** | | | | |
| Blickkontakt aufgenommen | | | | |
| Freundliches/wertschätzendes Verhalten | | | | |
| Engagiertes/motivierendes Auftreten | | | | |
| Ermunterung der Schüler zu Beiträgen (zwischendurch) | | | | |

## 6.4 Die Nachbesprechung des schriftlichen Unterrichtsentwurfs

Die Unterrichtsplanung kann auch vor oder unabhängig von der zu haltenden Stunde besprochen werden: mit einer eigenen didaktischen Beurteilungslogik. Diese orientiert sich außerhalb des Spannungsfeldes von Wunsch und Wirklichkeit, von antizipiertem und tatsächlichem Schüler- und Lehrerverhalten an (im Seminar vermittelten) methodisch-didaktischen Maßstäben für guten Unterricht auf der Grundlage einer stimmigen Unterrichtsplanung. Diese Kriterien werden im Folgenden mit Blick auf die wesentlichen, für einen Berufsanfänger besonders schwierigen Aspekte vorgestellt.

In der Regel kann man schon beim Lesen eines Plans sehen, ob die Stunde gelingen wird bzw. ob das Stundenziel überhaupt erreichbar ist. „Denn jede Schlacht ist gewonnen, bevor sie geführt wird.“, wusste schon der chinesische Stratege Sun Tsu im 5. Jahrhundert vor Christus. Viele Referendare glauben, das Gelingen einer Stunde hinge maßgeblich von einem interessanten Medium (Text, Film, Experiment etc.) und/oder einer bestimmten attraktiven Methode ab. Sie verkennen dabei, dass Gegenstand und Methode immer nur eine zielführende Funktion haben, wenn man keinen Unterricht nach dem Beckenbauer-Prinzip halten will: *Schaun mer mal, dann sehn mer scho.*

Nur wer ein klar formuliertes **Lehr-/Lernziel** hat und wem es außerdem gelingt, eine dazu passende Problemstellung zu formulieren, kann sich sinnvollerweise auf den Weg machen, einen zielführenden Impuls zu suchen und den Unterrichtsgegenstand so auszuwählen bzw. aufzubereiten, dass die Schüler in der zur Verfügung stehenden Zeit mit dem angebotenen Lernarrangement das lehrplangerechte Unterrichtsziel (= Lern-Bruttoertrag) auch erreichen können.

Eine optimale Zielformulierung hat immer drei Merkmale: Sie arbeitet mit einem **fachaffinen Operator** und bringt mit Hilfe des dazu **passenden Indikators** genau die **Tätigkeiten zur** Sprache, die die Schüler ausführen sollen, um einen bestimmten Lernertrag/Lernzuwachs (gedanklich, begrifflich, physisch etc.) zu generieren.

Für den Operator „analysieren“ bedeutet das z. B.: Materialien/Sachverhalte, Zusammenhänge in ihren Einzelaspekten nach selbst gewählten Aspekten erschließen und darstellen (Indikatoren). Hier folgt ein Beispiel für eine optimale Lehrzielformulierung aus dem Fach Deutsch:

**Klasse 9/10 – Deutsch: Leserbrief zum Thema Schuluniform**

| Stundenthema | Was spricht für die Einführung von Schuluniformen? – Verfassen einer überzeugenden Leserbrief-Argumentation |
|---|---|
| Tätigkeit | Die Schüler unterstreichen die notwendigen Bestandteile eines vollständigen Arguments in einem selbst geschriebenen Leserbrief mit verschiedenen Farben. |
| Lernzuwachs | Dadurch weisen sie nach, dass sie sachadäquate Argumente für die Einführung von Schuluniformen kriterienorientiert verwendet haben.<br>Der Lernzuwachs der Stunde leistet einen Beitrag zur Entwicklung der folgenden obligatorischen Kompetenzen des Lehrplans: |
| Kompetenzen<br>(vgl. Kernlehrplan Deutsch NRW Gesamtschule, S. 29, Bereich „Schreiben") | Die Schüler beherrschen zentrale Schreibformen, darunter auch argumentierende, verfassen argumentative Texte und veranschaulichen dabei Argumente durch Beispiele. |

Auch hier gilt die Operator-Indikator-Zuwachsregel. Bei Bedarf sollte man den Referendar darauf hinweisen, dass es überhaupt nur dann sinnvoll ist, übergreifende Ziele (wie Förderung der Kommunikationsfähigkeit oder Kooperationsfähigkeit) für eine Stunde zu formulieren, wenn die damit thematisierten Kompetenzen auch in der Stunde in relevanter Weise gefördert werden.

Vielen Berufsanfängern fällt es offensichtlich besonders schwer, eine passende Problemstellung im Rahmen des methodisch-didaktischen Begründungszusammenhangs zu formulieren. Den Referendaren ist (noch) gar nicht klar (genug), dass Schüler sich erst dann auf die Suche nach einem Lösungsweg machen können, wenn sie eine eindeutige, sie interessierende, relevante Fragestellung vor Augen haben, durch deren Beantwortung das gewünschte Ziel überhaupt nur erreichbar ist. Wer zum Beispiel nach Köln fahren will, muss sich für eine bestimmte Problemstellung seines Navigators (kürzeste, schnellste, ökonomischste Strecke suchen?) entscheiden, sonst kann er den Wagen nicht in eine bestimmte Richtung in Bewegung setzen.

**Beispiel für den methodisch-didaktischen Begründungszusammenhang**

Die folgende Grafik für den methodisch-didaktischen Begründungszusammenhang macht das am Beispiel des Babyfütterns hoffentlich so einfach und klar deutlich, dass jeder Referendar die damit verbundenen didaktischen Anforderungen für sein Unterrichtsfach erfolgreich erfüllen kann – nämlich einen stimmigen Zusammenhang herzustellen von (i) antizipiertem Ziel (idealer Lernzuwachs), den (ii) konkreten Lernvoraussetzungen der Schüler, um den (iii) Gegenstand (das zur Verfügung gestellte Medium) mit (iv) Hilfe einer zielführenden Problemstellung und (v) einer angemessenen Methode in der zur Verfügung stehenden Zeit ergebnis- und ertragreich zu bearbeiten.

Dabei empfiehlt es sich, in einem **ersten** Schritt das Stundenziel (i) sinnvoll mit den Interessen und den Lernvoraussetzungen (ii) der Schüler im Reihenkontext und/oder mit Blick auf den erreichten Kompetenzstand zu verknüpfen. In einem **zweiten** Schritt kann man dann deutlich machen, wieso der didaktisch sinnvoll reduzierte Lerngegenstand (iii) in Form von Texten, Bildern, Tabellen, Grafiken usw. unter der gewählten Problemstellung (iv) zielführend (i) ausgewählt worden ist. Und in einem **dritten** Schritt sollte man „verraten", warum die gewählten Methoden (v) sich besonders gut dafür eignen, damit die Schüler in der zur Verfügung stehenden Zeit das angestrebte Stundenziel (i) mit den zur Verfügung gestellten Materialien (iii) unter der schon genannten Problemstellung (iv) möglichst schnell und ertragreich erreichen.

Ein fachspezifisches Beispiel für das gelungene Zusammenspiel von Gegenstand, Ziel, Lernvoraussetzungen, Methode und Problemstellung aus dem **Fach Deutsch** (Grammatik in Klasse 6) könnte so aussehen: Wenn Schüler die Wortarten Nomen, Adjektiv und Präposition und die Deklinationsformen kennen (Lernvoraussetzungen), kann ich eine Grammatikstunde konzipieren, in der sie am Ende verstanden haben, dass man Nomen mit Hilfe von verschiedenen Attributen (Adjektivattribut, Präpositionalattribut, Genitivattribut) näher bestimmen kann (Lehrziel). Um gemeinsam mit ihnen die Frage: „Wie kann man ein Nomen näher bestimmen?" als relevante Problemstellung der Stunde zu erarbeiten, kann man ihnen zum Beispiel einige Sätze vorlegen, in denen keine Attribute vorkommen, z. B.: „Der Mann sieht das Haus." (Gegenstand), und die Schüler dazu einladen, selbstständig nach informativen Nominalergänzungen zu suchen (Methode).

## Methodisch-didaktischer Begründungszusammenhang

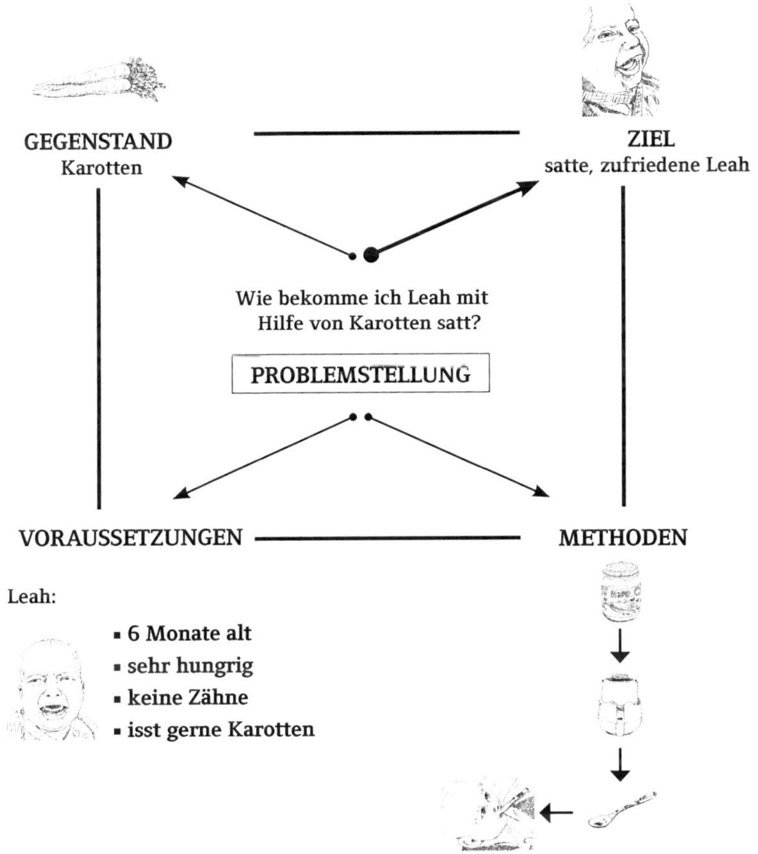


| Tabellarisches Zwischenfazit: Kapitel 6 | |
|---|---|
| **Besondere Herausforderungen in einer Unterrichtsnachbesprechung:** | **Lösungsansätze:** |
| Schritte der UNB so anordnen, dass Lernerautonomie des LAA und Interessen/Pflichten der Ausbilder im Einklang sind | ▪ Umsetzen der Transparenz von Strukturelementen<br>▪ Ausrichten der Schrittfolge am Roten Faden der LAA-Entwicklung |

# 7. Mögliche „Fahrpläne" der Besprechung

Eine unstrukturierte Form der Nachbesprechung, die je nach Tageslaune mal mehr oder weniger wohlwollend ausfällt bis zum sogenannten „Filetieren" eines Referendars, verbietet sich allein aus Respekt vor der Arbeit eines jungen Kollegen von selbst. Zwischen der euphemistischen Verbrämung (Unterrichts*besuch*) und der angsteinflößenden Warnung („Achtung, der Fachleiter Y ist im Haus!") gibt es einen guten dritten Weg, der kollegiale Beratung mit fairer Beurteilung bzw. Benotung verbindet. Um ihn gehen zu können, braucht man einen Gesprächsweg, dessen Eckpunkte genau abgesteckt werden oder die schon vorher vereinbart und kommuniziert worden sind.

Man macht nichts verkehrt, wenn man gemeinsam zu Beginn der UNB einen Zeitraum von circa 60 Minuten dafür festlegt, der leicht über- oder unterschritten werden darf. Damit entlastet man für alle Beteiligten die Gesprächssituation, vor allem wenn die Nachbesprechung am Nachmittag stattfindet oder mit dem Referendar alleine durchgeführt wird; er sollte nicht das Gefühl haben, dass der Fachleiter nach Belieben über seine Zeit verfügen kann.

Am Anfang jeder Nachbesprechung steht immer die Stellungnahme des Lehramtsanwärters. Er hat die Stunde mit viel zeitlichem Vorlauf und Aufwand geplant und gehalten und soll nun unter Beweis stellen, dass er sie selbstständig reflektieren kann. Deshalb gehört ihm stets das erste Wort. Das darf aber nicht so verstanden werden, dass alles, was er sagt, später gegen ihn verwandt werden kann. Selbstverständlich muss der Referendar genügend Zeit haben, um sich zu besinnen. Er sollte etwa 10 bis 15 Minuten Zeit für die Vorbereitung des Statements haben, möglichst in einem separaten Raum, in dem er ungestört Notizen auf der Strukturierungshilfe für das Statement machen kann. Diese Zeit können der Fachleiter und andere an der Nachbesprechung Beteiligte nutzen, um sich selbst gedanklich auf das Gespräch vorzubereiten.

## 7.1 Das offene Gesprächsformat

Nach dem Eingangsstatement schreiben alle Gesprächsteilnehmer in Stichworten auf einzelnen Karten/Zetteln auf, was ihnen besprechungswürdig und wichtig erscheint. Diese Stichwortzettel werden dann entweder reihum ausgelegt und besprochen oder die Stundenbeobachter beginnen und der Referendar ergänzt die angesprochenen Aspekte aus seiner Perspektive. Es macht Sinn, bei dieser Form der Kartenabfrage eine vorher festgelegte Reihenfolge einzuhalten, z. B.: „Wir beginnen mit den gelungenen Aspekten der Stunde und thematisieren dann die verbesserungswürdigen, bevor wir beide Aspekte gemeinsam gewichten."

Die Nachbesprechung ist zu Ende, wenn alle ins Spiel gebrachten Punkte abgearbeitet sind oder das gesetzte Zeitlimit erreicht ist.

Dieses offene Format verlangt Gesprächsroutine und ein kontextsensitives Gespür für das Fließgleichgewicht von Bestätigung, Modifikation und konstruktiver Kritik auf der didaktischen Lernlandkarte der gezeigten Stunde.

Am Ende der Nachbesprechung sollte der Fachleiter noch einmal aus seiner fachspezifischen Ausbilderperspektive die zentralen Besprechungspunkte ins Bewusstsein heben, ggf. auch vom Referendar verschriftlichen lassen und von den marginalen Besprechungspunkten begründet abgrenzen.

Diese Schlussphase der Nachbesprechung erscheint uns bei jedem der hier vorgestellten Formate unabdingbar zu sein, weil nur so der Referendar seine erbrachte Leistung bzw. den schon erreichten Ausbildungsstand realistisch einschätzen kann. Erfahrene und geschulte Lehrerlehrer haben in der Regel kein Problem damit, lange und ausführlich über (fast) alle den Unterricht betreffenden Aspekte zu sprechen und dabei etwas Interessantes und Relevantes zu sagen. Gleichwohl ist nicht alles davon gleich bedeutsam und wichtig für guten Unterricht. Hier kann die Unterscheidung zwischen „Fundamentum" und „Additum", zwischen Zentralem und Marginalem, zwischen Unverzichtbarem und Wünschenswertem hilfreich für die begründete Charakterisierung des momentanen Ausbildungsstandes sein – auch mit Blick auf die noch zu leistenden Lernfortschritte auf dem Weg zum Examen. Die dabei ins Spiel gebrachten Aspekte und Standards müssen selbstverständlich schon vorher im Fachseminar fachdidaktisch, methodisch und pädagogisch auf dem Hintergrund der auszubildenden Lehrerkompetenzen vermittelt worden sein. Eine Runde der Metakommunikation mit Feedback zur UNB sollte nicht fehlen.

## 7.2 Das halboffene Gesprächsformat

Das Eingangsstatement (Prolog) und die Gewichtung der verbesserungswürdigen Aspekte bzw. die Bewertung (Epilog) rahmen hier einen flexibel gestalteten Mittelteil (Beratung) ein, der aus Positivrunde, Agenda-Gesprächsplanung und der eigentlichen Nachbesprechung von Stundenplanung und -durchführung besteht.

Es gibt gute Gründe dafür, dass alle Beteiligten nach einem kurzen Feedback zum Eingangsstatement dem Referendar zunächst einmal all das schildern, was ihnen positiv am Lehrer- und Schülerverhalten bzw. am Stundenverlauf überhaupt aufgefallen ist. Dadurch wird einerseits sofort deutlich, dass ein Unterrichtsbesuch nicht deshalb stattfindet, um den Referendar zu kritisieren. Andererseits schafft man so gute Voraussetzungen für den weiteren Lehr-/Lernerfolg der Referendare: Erfolge ermutigen dazu, sich neuen Herausforderungen zu stellen, und sie fundieren das Selbstwertgefühl durch die „objektive" Anerkennung und Bestätigung der eigenen Lehrerkräfte und -fähigkeiten.

Auch wenn man die Positivrunde begründet in eine spätere Phase verlegen kann, sollte man in jedem Fall vor dem Eintritt in die Phase der kritischen Würdigung gemeinsam einen Besprechungsfahrplan festgelegt haben, nachdem alle Gesprächsteilnehmer ihre Wünsche dazu vorgetragen haben. Die Reihenfolge von maximal vier bis fünf Beratungsthemen sollte im Rahmen dieses Modells vom Referendar selbst festgelegt werden, ohne dass man ihn dabei unter Begründungsdruck setzt.

Erfahrungsgemäß entlastet man die Gesprächssituation in dieser Phase, wenn man als Fachleiter/-in schon in den ersten Sätzen kurz andeutet, welchen Gesamteindruck man von der gesehenen Stunde bzw. der zu Grunde liegenden Planung hat, und dies auch mit Hilfe eines Vergleichs (z. B. dem des Fliegens) bildlich verdeutlicht. So könnte man sagen: *„Ich habe heute von Ihnen eine insgesamt überzeugende/in wesentlichen Teilen stimmige/größtenteils gelungene Stunde gesehen, und es ist Ihnen ganz offensichtlich gelungen, mit Ihrer Lerngruppe als ‚fliegendem Klassenzimmer' abzuheben, den Lernprozess zielführend als Flugkapitän zu steuern und am Ende auch wieder sicher zu landen."*

Diese Gesamtbeurteilung kann man im Epilog noch einmal aufgreifen und ggf. detailliert darlegen. Wird ein solcher Gesamteindruck der Stunde erst und nur ganz am Ende der Nachbesprechung zur Sprache gebracht, schwebt sozusagen wie ein Damoklesschwert die bange Frage über dem Haupt des Referendars: „Worauf läuft wohl all das, was mein Fachleiter sagt bzw. bisher gesagt hat, am Ende hinaus?" und versperrt damit möglicherweise den Blick auf die vielen wichtigen Detailanmerkungen der beratenden Kollegen.

Eine Metakommunikation bildet auch hier sinnvollerweise den Abschluss.

## 7.3 Das geschlossene Gesprächsformat

Die Geschlossenheit des Nachbesprechungsformats kann sowohl inhaltlich als auch formal vorab festgelegt werden. Der klassische Fahrplan für die Unterrichtsnachbesprechung hat folgende Reihenfolge:

1. **Die Vorbereitung:** Der Referendar bereitet seine Selbstreflexion in einem separaten Raum (auf der Grundlage einer Strukturierungshilfe) vor. Zeitgleich verständigen sich die übrigen Gesprächsteilnehmer auf zentrale Punkte der Nachbesprechung und bestimmen auch einen Gesprächsleiter.
2. **Das Statement:** Der Referendar nimmt kriteriengeleitet Stellung zu seiner Stunde und reflektiert seine Planungsentscheidungen – vor allem dann, wenn Stundentheorie und -praxis deutlich erkennbar differieren – und er begründet vorgenommene Planänderungen bzw. methodisch-didaktische Ad-hoc-Entscheidungen.
3. **Die Stärken der Stunde:** In einer gemeinsamen Positivrunde melden die Gesprächsteilnehmer dem Referendar zurück, was ihnen an der Stunde besonders gut gefallen hat bzw. was ihnen besonders gelungen erscheint.
4. **Die Wunschliste/Tagesordnung:** Der Referendar benennt Beratungswünsche, die Unterrichtsbeobachter ergänzen diese um weitere, für die Entwicklung des Referendars besonders wichtige Aspekte.
5. **Der Fahrplan:** Der Lehramtsanwärter legt die Beratungsthemen und ihre Reihenfolge fest; ggf. wird seminarseitig vorab eine Maximalzahl der Themen benannt.
6. **Die Schwächen der Stunde:** Nun findet das kompetenz- und standardorientierte Beratungsgespräch entsprechend der festgelegten Themenreihenfolge mit Blick auf die verbesserungswürdigen bzw. problematischen Aspekte von Planung und Durchführung der Stunde statt.
7. **Die Zielvereinbarungen:** Es werden Arbeitsschwerpunkte für die weitere Ausbildungsarbeit zum Aufbau der relevanten Lehrerkompetenzen formuliert; ggf. werden Personen und Materialien zur Unterstützung benannt.
8. **Gewichtung und Benotung:** Der Fachleiter fasst die Stärken und Schwächen der beobachteten Stunde wertend zusammen; ab dem dritten Unterrichtsbesuch wird eine Note festgelegt bzw. über den Leistungsstand der Ausbildung informiert. Auf (verständlichen) Wunsch des Referendars kann die Mitteilung auch unter vier Augen erfolgen.
9. **Die Metakommunikation über den Gesprächsverlauf:** Der Referendar gibt den anderen Gesprächsteilnehmern ein Feedback hinsichtlich der Gesprächsatmosphäre der Nachbesprechung und ihrer für ihn relevanten Effizienz.

**Inhaltlich** kann man eine UNB nach dem Prinzip von Fremd- und Selbsteinschätzung aufbauen: In einem ersten Schritt erfolgt ein kompetenz- und standardorientiertes Leistungsfeedback mit Blick auf den jeweiligen Ausbildungsstand und auf Wunsch des Referendars auch eine benotete Leistungsbeurteilung.

Anschließend hat der Referendar Gelegenheit, sich und seine Leistungen selbst einzuschätzen, dazu Stellung zu nehmen und ggf. auch die erfolgte Fremdeinschätzung begründet zurückzuweisen (= Remonstration).

In der sich anschließenden Phase geben die Ausbilder – entsprechend dem angemeldeten Beratungsbedarf – dem Referendar Tipps und Ratschläge zur Verbesserung seiner Lehrerkompetenzen.

Diese Vorgehensweise erscheint uns jedoch suboptimal zu sein, weil sie mit dem Referendar nicht respektvoll als Subjekt seiner Ausbildung umgeht, der selbstständig und eigenverantwortlich die Eigenschaften eines guten Lehrers weiter entwickelt, sondern ihn in die Rolle eines Angeklagten drängt, der sein Verhalten verteidigen muss.

## 7.4 Die 1:1-Nachbesprechung (am Bildtelefon)

Die Zahl der Teilnehmer einer UNB kann von Unterrichtsbesuch zu Unterrichtsbesuch variieren. Mal hat der Ausbildungskoordinator keine Zeit, mal der Fachlehrer. Schulleiter können diese Aufgabe in der Regel sowieso nur in Ausnahmefällen wahrnehmen. Aber der Fachleiter kann den Referendar auch allein – im Verhältnis 1:1 – gut beraten, wenn er sich an die vereinbarten Spielregeln hält und Punkt für Punkt in fairer Form den Nachbesprechungsfahrplan abarbeitet. Obwohl dabei der multiperspektivische Blick auf den Unterricht wegfällt, hat das Vier-Augen-Gespräch auch verschiedene Vorteile: Mögliche Konfliktpotentiale zwischen Fachleiter und Fachlehrer bzw. zwischen Referendar und Ausbildungskoordinator entfallen, und die intime Gesprächssituation erlaubt es, ggf. private Probleme offen anzusprechen – vorausgesetzt, dass das Vertrauensverhältnis zwischen Referendar und Fachleiter dies nahelegt.

Falls der Stundenplan des Referendars es nicht zulässt, die Nachbesprechung in zeitlicher Nähe zu dem Unterrichtsbesuch durchzuführen, kann diese auch einmal telefonisch erfolgen. Wegen des zeitlichen Abstands zwischen Stunde und Gespräch kann sich der Referendar in aller Ruhe auf sein Statement vorbereiten und es – falls gewünscht – dem Fachleiter vor dem Telefonat per E-Mail zuschicken.

Wenn es technisch möglich ist und beide Teilnehmer diesem Weg zustimmen, kann die UNB auch mit Hilfe des kostenlosen Instand-Messaging-Dienstes Skype stattfinden. Das hat den Vorteil, dass sich Referendar und Fachleiter während des Gesprächs Fotos und Dateien zuschicken können, die im Chat-Bereich angezeigt werden. Wenn Kollegen, die an der UNB nicht teilnehmen können, darüber später informiert werden möchten, sollte der Referendar das Besprechungsergebnis in Form eines Ergebnisprotokolls zusammenfassen, das er, nachdem es gegengelesen wurde, selbst an die entsprechenden Kollegen weitergeben und ggf. noch kommentieren kann.

**Tabellarisches Zwischenfazit: Kapitel 7**

| **Besondere Herausforderungen in einer Unterrichtsnachbesprechung:** | **Lösungsansätze:** |
|---|---|
| Qual der (Methoden)-Wahl | Von Fall zu Fall abwägen, wie viel Offenheit im Verfahren die Situation zulässt. |

# 8. Modell-Varianten

## 8.1 Unterrichtsnachbesprechungen mit Schülern

Wer Unterricht als pädagogische Verpflichtung gegenüber Schülern versteht, handelt als Referendar nur konsequent, wenn er ihnen die Möglichkeit anbietet, sich an der Nachbesprechung einer Unterrichtsstunde zu beteiligen, um dadurch situationsadäquat das Reflexionsspektrum zu erweitern. Die Schülerbeteiligung soll nicht dazu dienen, die Referendare zu beurteilen und/oder die Schule als Bildungssystem zu kontrollieren, sondern sie verfolgt damit das ausbildungsdidaktische Ziel, Unterrichtsprozesse qualitativ zu verbessern.

Da jeder Unterricht immer altersgerecht für eine bestimmte Lerngruppe konzipiert wird, bekommen die Referendare durch die Beteiligung von Schülern an der UNB in repräsentativer Form eine direkte und authentische Rückmeldung von ihrer Zielgruppe über

- Lernerfolg,
- Klarheit der Phasierung,
- Relevanz der Problemstellung,
- Präzision der Aufgabenstellung,
- Medienauswahl,
- Sicherung der Lernziele und vor allem
- über die Wirkung der Lehrerpersönlichkeit.

Dadurch gewinnen Schüler nicht nur einen genauen Einblick in das anspruchsvolle und schwierige Unterrichtsgeschäft, sondern durch sie kommen auch (endlich einmal) genau die Personen zu Wort, um die es maßgeblich im Unterricht geht. Nur mit ihrer Hilfe könn(t)en Referendare in bestimmten Situationen übelwollenden Kritikern wirkungsvoll entgegentreten und ihnen argumentativ den Wind aus den Segeln nehmen, wenn es wieder einmal heißt: „Heute haben die Schüler aber überhaupt nichts dazugelernt." oder: „Diese Stunde war ja wohl ein Schuss in den Ofen."

Leider ist die naheliegende Möglichkeit der Schülerbeteiligung an UNB eher die Ausnahme als die Regel. Dies hat zum Teil organisatorische Gründe, vor allem aber traditionelle: Da man es in der Vergangenheit (noch) nicht gemacht hat, erscheint es auch auf Grund von Vorurteilen unmöglich zu sein: „Schüler haben doch gar keine Ahnung, worum es dabei geht." Voraussetzung für die Einbeziehung der Schülerperspektive ist die Bereitschaft des Referendars. Damit er aber überhaupt die Tür für die Schüler öffnen kann, müssten ihm Seminar und Schule auch den Weg dorthin ebnen und ihm die Chancen und möglichen Probleme dieses Besprechungsformats deutlich vor Augen führen.

## 8.2 Spielerische Formen

Viele Seminare für die Lehrerausbildung haben seit Jahrzehnten daran gearbeitet, für dieses so wichtige Ausbildungsinstrument eine passende Gestalt zu finden und diese im Seminarprogramm zu verankern. Hier blüht die Kreativität: Von klassischen Gesprächsabläufen über kartengestützte Rituale bis hin zu bunten brettspielähnlichen Szenarien gibt es Formate, die sich zumeist – jedes von seiner Akzentsetzung her – moderner Beratungskultur verpflichtet wissen. All diese etablierten Formen haben jeweils die Prozedur der Vor- und Nachteilsabwägung durchlaufen und wurden für den jeweiligen Standort als passend empfunden.

Zu diesem aufwändigen Prozess gehört auch, dass in den Schulen, die zu einem Seminarbereich gehören, um Akzeptanz für das Vorgehen geworben wurde, denn ohne diese Rücksicht laufen alle in Seminaren kreierten Umgangsformen der Lehrerausbildung Gefahr, von den Mitwirkenden in den Schulen als aufgesetzte Fremdelemente empfunden und in der Konsequenz zum großen Teil abgelehnt zu werden.

Es erscheint unpassend, in diesem Buch angesichts der bereits existierenden Vielfalt von Gesprächsritualen noch eine Variante hinzuzufügen und diese dann zum Favoriten zu stempeln, ohne dass eine Chance auf den notwendigen Vermittlungsprozess besteht.

Uns ist es wichtiger, durch eine entsprechende Diskussion dazu beizutragen, dass vorhandene Möglichkeiten von den Verantwortlichen zu immer adäquateren Lösungen im Spannungsfeld zwischen Personenorientierung und wachsender Standardisierung genutzt werden können.

In unserer Abwägung in Bezug auf den **Einsatz spielerischer Elemente** ergibt sich eine Liste folgender Vorzüge:

- Am Beispiel des Beitrags von Köhler und Weiß (2015) ist ersichtlich, dass sich durch eine detaillierte Planung von Ablaufschritten der UNB in Verbindung mit einem recht breit angelegten Einsatz von Karten (Fragen und Impulse) ein hohes Maß an Sicherheit für die LAA, aber auch für alle übrigen Teilnehmer erzielen lässt.
- Das Modell enthält eine Fülle von Anregungen (Impulskarten mit Elementen der Unterrichtsstruktur) und Fragen (in einem Speicher, den man nutzen kann), so dass für Gesprächsstoff und -dynamik gesorgt ist.
- Spielregeln ermöglichen eine faire Verteilung von Redeanteilen, so dass einer oft geäußerten Sorge von LAA der Grund genommen wird.
- Durch Sprache und Anschaulichkeit des eingebrachten Materials wird auf mehreren Kanälen glaubwürdig unterstrichen, was im Kapitel 1 über die Haltung der Ressourcenorientierung für die kompetenzorientierte UNB gefordert wird: angemessene Würdigung der Leistung der LAA und eine Grundhaltung der Fehlerfreundlichkeit.
- Durch Auslegen der Karten wird dem LAA ein umfassendes und differenziertes Bild (auch wörtlich zu nehmen) geboten, das er sicher „nach Hause tragen" und zur Vorbereitung und Bewältigung neuer Lernaufgaben verwenden kann.

Auf der anderen Seite gibt es diese Punkte zu bedenken:

- Um sich auf spezielle Gesprächsrituale einzulassen, bedarf es erfahrungsgemäß einer hohen Akzeptanz aller Beteiligten. Es ist zu befürchten, dass ein Nachbesprechungsmodus mit hohem Materialaufwand wie bei Köhler und Weiß die nötige Akzeptanz nur unter der Bedingung findet, dass die Teilnehmer über längere Zeit hinweg mit den Gepflogenheiten vertraut gemacht werden konnten. Nur dann kann dafür gesorgt werden, dass die vielen eingesetzten Elemente tatsächlich als Hilfen und nicht als Vorgaben mit dem sicher nicht gewollten Beigeschmack der Engführung und Bevormundung der Teilnehmer verstanden werden.

- Wird diesem Umstand nicht gebührend Rechnung getragen, können all jene Störungen der UNB entstehen, die in Kapitel 1 bereits angeklungen sind. Auf der Basis von Argwohn und Skepsis auch nur eines einzelnen Teilnehmers kann eine UNB, die letztlich zur Förderung der LAA dienen soll, nicht gelingen.
- Junge Ausbilder in Schule und Seminar werden ein zu großen Teilen reguliertes Nachbesprechungsverfahren wohl eher begrüßen, da sie dort an einem sicheren Leitfaden entlang ihre Erfahrungen sammeln können.
- Ausbilder mit größerem Erfahrungspolster werden wohl eher dazu neigen, ihre Beiträge ohne Ideen, Fragen und Impulse aus dem jeweiligen Speicher einbringen zu wollen. Für sie scheint das Wechselspiel zwischen Routine und Spontaneität eher möglich ohne eine Fülle von Spielregeln. Möglicherweise argumentieren sie auch damit, dass ein stärker vorgeprägtes Verfahren den Blick auf die individuellen Stärken und Schwächen verstellen kann, weil man zu sehr mit dem Procedere eines geordneten Gesprächsablaufs beschäftigt ist.

Wir haben uns in unserem Beitrag darauf beschränkt, das klassische Herzstück einer UNB vorzustellen und in seinen Elementen zu beleuchten. Gleichwohl möchten wir die bestehenden Tendenzen zu weiteren Form-Experimenten nicht in Misskredit bringen, da sie bei entsprechender Einführung in einem Schul- bzw. Seminarbezirk äußerst segensreich sein können, wie z. B. unsere Erfahrung mit der Schülerbeteiligung zeigt (s. 8.1.). Da dieser Einführungsprozess mit dem Ziel der Gewinnung von breiter Akzeptanz nur jeweils vor Ort geleistet werden kann, stehen wir zu der getroffenen Entscheidung (s.o.).

## 8.3 Zum Einsatz von Coaching-Elementen

Coaching-Elemente sollten in einer Nachbesprechung nur dann zum Einsatz kommen, wenn es sich um ein Vier-Augen-Gespräch zwischen Anwärter und Coach oder um ein Gespräch des LAA mit mehreren Coaches handelt, die sich zuvor über die Vorgehensweise abgestimmt haben. Hierzu bedarf es nämlich eines besonderen Rahmens, der durch den Anwärter ausdrücklich gewünscht sein muss. Für den Einsatz von Coaching-Elementen in einer größeren Runde, in der es nur einen lizensierten Coach gibt, ist dringend abzuraten.

Dies versteht (und verbietet) sich eigentlich von selbst, wird hier aber erwähnt, weil es in der UNB-Praxis ungeachtet der für Coaching geltenden Bedingungen (absolut vertraulicher Rahmen, Schutzraum zur Thematisierung persönlicher Belange) dennoch vorkommt. Da solche Bedingungen in einer gemischten Runde offensichtlich nicht gegeben sind, kommt als Motiv allenfalls die eigene Profilierung des sich zum Coach Aufschwingenden in Frage.

| **Tabellarisches Zwischenfazit: Kapitel 8** | |
|---|---|
| **Besondere Herausforderungen in einer Unterrichtsnachbesprechung:** | **Lösungsansätze:** |
| Experimentelle Wege gehen | In striktem Bezug zu den andragogischen und didaktischen Zielen der Ausbildung von Fall zu Fall Mut zum Experiment zeigen |

# 9. Aspekte der Beurteilung

Wir können uns in diesem Kapitel auf wenige Hinweise beschränken, da in Kapitel 4 eine tragfähige Grundlage in Form der Gütekriterien und der Hilfen für die Unterrichtsbeobachtungen und deren sichere Dokumentation gelegt wurde.

Spätestens ab dem dritten Unterrichtsbesuch sollte auch eine Rückmeldung in Notenform erfolgen, die man vorher aber schon metaphorisch umschreiben kann („Sie können mehr als zufrieden sein." – „Sie können heute mit einem guten Gefühl nach Hause fahren."). Dabei ist selbstverständlich immer der jeweilige Ausbildungsstand zu berücksichtigen, das heißt: Die genannte Note bildet in den ersten zwei Dritteln der Ausbildungszeit noch nicht die Examensbedingungen mit all den auf dem Qualitätstableau markierten Anforderungen des Landesprüfungsamtes ab und sollte unserer Auffassung nach auch immer wohlwollend gegeben werden.

Maßstab der Notengebung sind die schon im Vorfeld der benoteten Unterrichtsbesuche definierten „Big Points" für guten Unterricht, die auf dem Qualitätstableau grau unterlegten Kriterien, die allesamt **erfüllt** sein müssen, wenn die Stunde mit „gut" bewertet werden soll. Die Note „ausreichend" kann/sollte erteilt werden, wenn mindestens die Hälfte der notwendigen Bedingungen erfüllt sind.

Falls man nur noch „ganze" Noten geben darf und die Zwischennoten 0,3 und 0,7 grundsätzlich wegfallen, ergibt sich für die einzelnen Notenstufen ein berechenbarer Handlungsspielraum – analog zur Benotung im Zentralabitur, das heißt: Die Note „sehr gut“ kann auch dann schon gegeben werden, wenn „nur“ 86 und mehr Prozentpunkte der Maximalleistung erbracht worden sind.

| **Tabellarisches Zwischenfazit: Kapitel 9** | |
|---|---|
| **Besondere Herausforderungen in einer Unterrichtsnachbesprechung:** | **Lösungsansätze:** |
| ▪ Beurteilungssicherheit finden<br>▪ Gelungenes und weniger Gelungenes kommunizieren | ▪ Sachlichkeit<br>▪ Bezug auf gewissenhafte Beobachtung und deren Dokumentation<br>▪ Lob bzw. Ermutigung<br>▪ Ausblick auf Verbesserungsmöglichkeiten |

# 10. Dokumentation der Unterrichtsbeobachtungen

Die inhaltlichen Schwerpunkte der Unterrichtsnachbesprechung lassen sich schon im Verlauf der beobachteten Unterrichtsstunde sinnvoll vorstrukturieren. Je genauer und umfassender hier Lehrerhandeln, Schülerverhalten und der Phasenverlauf an Kriterien orientiert abgebildet werden, umso zielführender, effektiver und schneller kann man als Fachleiter, Ausbildungskoordinator oder Fachlehrer im Laufe der Unterrichtsnachbesprechung seine Stundendiagnostik professionell kommunizieren.

Zur Dokumentation der eigenen Beobachtungen bieten sich vor allem die folgenden drei Formate an:

## 10.1 Das geschlossene Dokumentationsformat

Dieses Format bildet inhaltlich genau dieselben Qualitätskriterien für guten Unterricht ab, die man dem Referendar als Strukturierungshilfe für sein Statement an die Hand gibt, organisiert sie aber so, dass der Unterrichtsbeobachter genügend Leerstellen für seine Notizen hat. Außerdem kann er seine Eindrücke auf einer Bewertungsskala verorten (Kopiervorlage dazu auf S. 93).

Der Kanon der hier aufgelisteten Kriterien lässt sich noch mit Hilfe anderer „Meyer-Kriterien“ erweitern (z. B. in Bezug auf die Lehrermoderation mit Blick auf das sinnstiftende Kommunizieren oder/und die Klarheit in der Sache und im Vorgehen). Es können auch bestimmte Kriterien aus dem Qualitätstableau aufgenommen werden (z. B.: Können die Schüler die gestellte Aufgabe mit den zur Verfügung gestellten Materialien in der zur Verfügung stehenden Zeit bewältigen?). Wenn Fachleiter und Referendar dieselben Kriterien für das Eingangsstatement und die Positiv-Feedbackrunde bzw. die Beratungsrunde verwenden, hilft das der Verständigung und macht es so dem Referendar leichter, seine Selbsteinschätzung kritisch mit der Fremdeinschätzung abzugleichen.

## 10.2 Das halboffene Dokumentationsformat

Dieses Format verzichtet auf das explizite Benennen einer Nomenklatur und eröffnet mehr Raum für das umfangreiche Beschreiben beobachteter Details in den einzelnen Unterrichtsphasen[7], die im unteren Drittel des Protokollblatts stichwortartig zu den „Big Points" für die UNB verdichtet werden (können). Hier ist Platz für die Dokumentation signifikanter Beobachtungen des Lehrer- und Schülerverhaltens im Verlauf der gesamten Stunde bzw. für Notizen zur Raumregie und zum Material- und Medieneinsatz vorgesehen (Kopiervorlage S. 94).

Noch ungeübte Fachleiter und Ausbildungskoordinatoren sollten vielleicht zunächst Erfahrungen mit dem geschlossenen Format sammeln, bevor sie das halboffene verwenden, um Berufsroutine im Umgang mit den Merkmalen von gutem Unterricht und dem Ablauf von Unterrichtsnachbesprechungen zu gewinnen. Noch ein praktischer Tipp: Wenn man die Kopiervorlage zum halboffenen Dokumentationsformats nicht in Schwarz, sondern in Grau (im Entwurfsmodus) ausdruckt, werden durch den Foliencharakter automatisch die eigenen Notizen zur aktuellen Stunde betont.

Selbstverständlich ist es (auch) eine Frage des Persönlichkeitstyps, welches Format man für die Dokumentation bevorzugt. Hier gibt es grundsätzlich kein Besser oder Schlechter. Aus guten Gründen entscheiden sich manche Fachleiter auch für das ganz offene Format.

## 10.3 Das offene Dokumentationsformat

Für diese Art der Dokumentation eignet sich jedes leere Blatt Papier, auch die nicht bedruckte Rückseite des Unterrichtsentwurfs. Entweder notiert man sich

7 Dazu könnte/kann man auch den vorgelegten Verlaufsplan des Referendars verwenden. Er bietet aber in der Regel zu wenig Platz für Notizen.

hierauf chronologisch alle Vorzüge und Probleme des Stundenverlaufs (ggf. mit zwei verschiedenen Farben für das Positive/Negative), oder gliedert die Beobachtungsaspekte nach einem selbst entwickelten System am oberen, unteren, linken und rechten Blattrand und im Zentrum.

Solche Themenecken könnten sein: Schülerverhalten, Lehrerhandeln, Tafelbild, Gelenkstellen etc. Hier entwickeln Fachleiter im Lauf ihrer jahrelangen Tätigkeit eine eigene Systematik, die gut auf den jeweiligen Beobachter zugeschnitten ist.

# Kopiervorlage

Name: ____________________

Datum: ____________________ Kurs/Klasse: ____________ ____________ SuS

## Beobachtungsbogen: geschlossenes Format

| | ++ | + | – | –– |
|---|---|---|---|---|
| Schülermotivation: | | | | |
| Problemstellung der Stunde: | | | | |
| Arbeitsaufträge: | | | | |
| Lehrermoderation (im Unterrichtsgespräch und an den Gelenkstellen): | | | | |
| Schülerbeteiligung quantitativ: | | | | |
| Schülerbeteiligung qualitativ: | | | | |
| Schülerkommunikation: | | | | |
| Organisation von Material und Medien: | | | | |
| Raumregie: | | | | |
| Lernprogression: | | | | |
| Erreichung des Lernziels – Schülerbeiträge: | | | | |
| Erreichung des Lernziels – Tafelbild/Sicherung: | | | | |
| Lehrerpersönlichkeit: | | | | |

Name: ______________________

Datum: ______________ Kurs/Klasse: ____________ ____________ SuS

## Beobachtungsbogen: halboffenes Format

*Unterrichtsphasen:*
*H Hinführung, P Problemstellung, IP intuitive selbstständige Bearbeitung der Problemstellung, KP kontrollierte angeleitete Bearbeitung der Problemstellung, S Sicherung, T Transfer*

Notieren Sie neben den Phasen Ihre Beobachtungen (links die positiven, rechts die negativen) und unten Stichworte zu den Big Points.

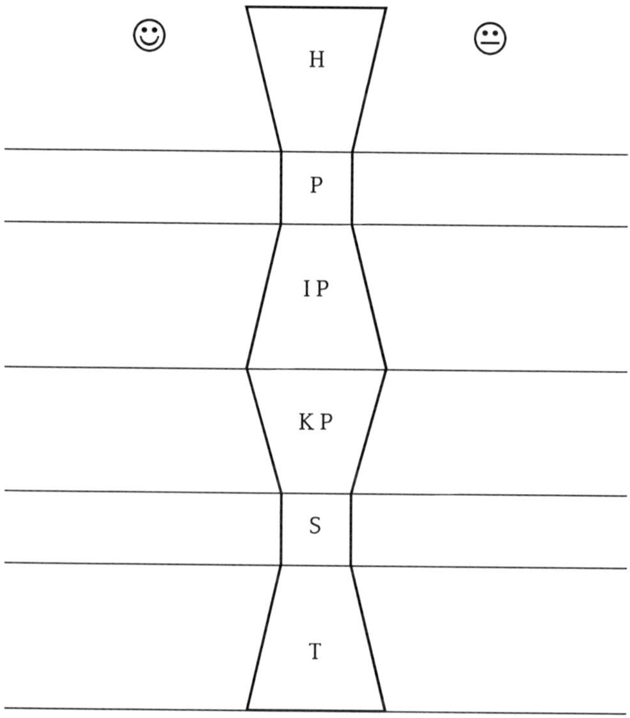


Raumregie: ______________________

Organisation/Medien: ______________________

Lehrerverhalten: ______________________

Mitarbeit der SuS: ______________________

# Literatur


*Bezirksregierung Düsseldorf, Dezernat 46:* Handreichung zur Unterrichtsnachbesprechung vom 8.12.2008

*Brabender, Arno/Jansen, Peter/Jobke, Peter (2016):* Experten helfen Referendaren: Die besten Tipps für Unterrichtsbesuche und Lehrproben. Berlin: Cornelsen

*Grinder, Michael (⁴1995):* NLP für Lehrer. Ein praxisorientiertes Arbeitsbuch. Freiburg: VAK Verlag

*Groeben, N./Wahl, D./Schlee, J./Scheele, B. (1988):* Das Forschungsprogramm Subjektive Theorien. Eine Einführung in die Psychologie des reflexiven Subjekts. Tübingen: Franke

*Gudjons, Herbert (1998):* Didaktik zum Anfassen. 2. überarbeitete Auflage. Bad Heilbrunn: Klinkhardt

*von Hentig, Hartmut (1986):* Die Menschen stärken, die Sachen klären: Ein Plädoyer für die Wiederherstellung der Aufklärung. Stuttgart: Reclam

*Kreißig, Carola (2010):* Unterrichtsnachbesprechung und Beratung – ein Widerspruch? In: Seminar. Lehrerbildung und Schule 4/2010, Beratung, Coaching, Supervision. Hohengehren, 69–82.

*Lehner, Martin (2012):* Didaktische Reduktion. Bern: Haupt/UTB

*Mayr, J. (2011):* Der Persönlichkeitsansatz in der Lehrerforschung. Konzepte, Befunde und Folgerungen. In: Terhart, E./Bennewitz, H./Rothland, M. (Hrsg.): Handbuch der Forschung zum Lehrerberuf. Münster, 125–148.

*Meyer, Hilbert (2004):* Was ist guter Unterricht? 2. üb. Auflage. Berlin: Cornelsen

*Schüpbach, Jürg (2005):* Die Unterrichtsnachbesprechung in den Lehrpraktika – „Nahtstelle von Wissen und Handeln"? (Dissertation) Zürich

*Sistermann, Rolf/Wittschier, Michael:* Problemorientierter Philosophieunterricht nach dem Bonbonmodell – ein Gespräch aus der Praxis der Unterrichtsplanung und Lehrerausbildung. In: Zeitschrift für Didaktik der Philosophie und Ethik (ZDPE) 1/2015. Hannover: Siebert Verlag, 60–68

*Wahl, Diethelm (2006):* Lernumgebungen erfolgreich gestalten. Vom trägen Wissen zum kompetenten Handeln. Bad Heilbrunn: Klinkhardt

*Winkel, Reiner (1997):* Theorie und Praxis der Schule. Oder: Schulreform konkret – im Haus des Lebens und Lernens. Hohengehren: Schneider

*Wittschier, Michael (2012):* Gesprächsschlüssel Philosophie – 30 Moderationsmodule mit Beispielen. München: bsv/patmos

## Internetquellen

Internetseite des „Landesprüfungsamt für Lehrämter an Schulen"

## Übersicht Kopiervorlagen